JN451451

[마케팅 인사이트]

– 마케팅 전문가들이 말하는 마케팅 트렌드 –

(사)한국마케팅과학회 편

연세대학교 출판부

[마케팅 인사이트]

– 마케팅 전문가들이 말하는 마케팅 트렌드 –

편 저 자 (사)한국마케팅과학회

펴 낸 곳 연세대학교 출판부

주 소 서울특별시 서대문구 신촌동 134

전 화 392-6201, 2123-3380~2

팩 스 393-1421

E-mail ysup@yonsei.ac.kr

홈페이지 http://www.yonsei.ac.kr/press

연세대학교 출판부

등 록 1955년 10월 13일 제9-60호

2007년 4월 10일 1판 1쇄

ISBN 978-89-7141-771-3(03320)

값 13,000원

머리말

(사)한국마케팅과학회는 마케팅 이론과 실무의 연구를 통하여 마케팅 발전에 기여하며 회원 간의 지속적인 학문탐구와 관계유지의 도모함에 그 목적을 두고 있으며 국제화, 지역화, 내실화에 최선의 노력을 다하고 있습니다.

그 내용으로 4회에 걸친 해외 학회와의 공동학술대회 개최, 14회에 걸친 지역 마케팅세미나 개최, 사단법인의 인가, 한국 학술진흥재단의 등재 학술지 선정, 해외 저명학술지와의 공동 논문집 발행, 마케팅과학연구의 연 4회 발행 등이 밑받침 하고 있습니다

이러한 학회의 본질적인 접근만 아니라 학회를 특성화, 차별화하는 확산적 접근에서 한국마케팅신문과의 협력으로 마케팅신문에 한국마케팅과학회칼럼을 2005년 1월분부터 게재하게 되었으며, 먼저 이런 좋은 계기를 부여한 한국마케팅신문에 감사를 드립니다. 이 칼럼을 통해 학회 구성원 여러분께서 그동안 마케팅의 광범위한 이론과 실무를 접하면서 몸소 체험한 지식과 경험을 바탕으로 시대의 흐름을 정확히 꽤뚫어 보는 살아 있는 마케팅 인사이트를 유도한 것입니다.

마케팅 전문가들이 말하는 마케팅 트렌드인 마케팅 인사이트는 '고객 이해가 마케팅의 시작', '기업의 마케팅은 이렇게', '새로운 마케팅 테크닉', '경쟁력 있는 유통 및 영업관리', '마케팅은 과학'으로 크게 5장으로 구성되어 있으며, 총 36명의 마케팅 교수가 참여한 규모와 내용에 있어서 경쟁력을 갖추었다고 자부합니다.

여기에서 소개하고 있는 내용들은 마케팅의 어느 한 분야에만 치우치지 않고 마케팅 전반에 걸쳐서 새로운 흐름을 다루고 있어 마케팅의 새로운 영역의 깊이와 폭을 접하게 될 것입니다. 따라서 여기에 관심 있는 분들에게 의미 있는 통찰력을 제공할 것입니다.

이러한 글들을 한데 모아 뜻 깊은 책으로 만들게 한 학회 부회장이신 연세대학교 고은주 교수님과 연세대학교 출판부에 깊은 감사를 드립니다. 그리고 옥고를 제공하신 36분의 교수님께도 감사드립니다. 나아가 (사)한국마케팅과학회에서 앞으로 더욱 혁신적이고 창의력 있는 책이 출간되도록 여러분들의 관심을 더해 주시기를 바랍니다.

2007. 2. 23

한국마케팅과학회장 김용만

Contents

01 고객 이해가 마케팅의 시작!

웰빙마케팅과 소비자의 '삶의 질' 추구 욕구 11
감성/이성형 제품 포지셔닝 전략 17
스타일 마케팅: 외양과 소양의 소통시대 21
소비자의 심리적 특성을 반영하는 생활양식에
따른 사업 및 제품 계획을 25
변화하는 소비자의 욕구 충족을 위해 능동적으로 대처하라 29
트렌드와 브랜드 32
마케팅 전략: 고객 감동이라야 성공 35

02 기업의 마케팅은 이렇게!

판매가 죽어야 마케팅이 산다? 43
기업 마케팅 전략 49
문화와 글로벌 마케팅 53
마케팅은 결국 관계 관리 57
관계 마케팅과 관계 혜택 60
도망간 노예와 베네통 63
대한민국 농업을 살리는 신뢰마케팅 66

[Contents]

03 새로운 마케팅 테크닉!

경험마케팅의 시대 73
유비쿼터스와 상황적 마케팅 76
세대 마케팅의 필요성 79
실버마케팅에 대한 관심을 83
마케팅은 결국 관계관리 88
클러스터와 기술마케팅시대의 도래 91

04 경쟁력 있는 유통 및 영업관리!

유통의 새로운 지배자: 오픈마켓의 급성장 97
지역 중소유통업체의 생존전략: 구색 차별화 100
패션유통의 지각변동: 대형 할인점의 급성장 104
재래시장 번영의 '숨비소리' 108
중소유통업체의 생존과 경쟁력 111
영업관리의 기초 115
대한민국 농업을 살리는 신뢰마케팅 119

05 마케팅은 과학!

확산적 마케팅 접근 시대의 도래 125
통합을 강조하는 새로운 마케팅 철학 132
블루오션으로 신규고객 창출을.. 136
변화에 따른 마케팅 비결 140
관찰의 오류와 동료연구자의 지원 146
마케팅을 배우는 자세 149
인간중심의 윤리경영이 성공의 밑거름이다 153
이공계 기피현상과 시장지향성 159
강한 기업, 강한 국가를 위해서는 163

01

고객 이해가 마케팅의 시작!

웰빙마케팅과 소비자의 '삶의 질' 추구 욕구 / 감성/이성형 제품포지셔닝 전략 / 외양과 느낌에 의한 소통의 시대 : 스타일 마케팅 / 소비자의 심리적 특성 반영하는 생활양식에 따른 사업 및 제품 계획을 / 변화하는 소비자의 욕구충족을 위해 능동적으로 대처하라 / 트렌드와 브랜드 / 마케팅 전략 : 고객 감동이라야 성공

웰빙마케팅과 소비자의 '삶의 질' 추구 욕구

우리들의 생활 전반에 큰 화두로 떠오른 것이 웰빙(well-being)이다. 거의 모든 상품 광고에 웰빙이란 단어가 장식되어 등장했을 정도이다. 웰빙은 행복한, 건강한, 좋은 등의 의미를 갖고 있는 well과 존재, 인생(삶), 인간이란 의미의 being이 합쳐져서 만들어진 복합어로 '몸과 마음이 건강하고 행복한 삶'을 뜻하는데, 세간에서는 이를 쉽게 말해 '잘 먹고 잘 살기'라고 말한다. 미국에서는 이러한 웰빙 개념에 근거해 LOHAS(lifestyle of health and sustainability) 산업이 성장하고 있다. LOHAS 산업이란 건강과 환경을 중시하는 라이프스타일을 가진 소비자들을 타깃으로 이들의 건강과 환경에 대한 욕구를 충족시키는 제품이나 서비스 관련 산업으로, 자원 보존, 대체의학, 건강식품, 자기 개발, 환경 친화적 산업이 포함된다. 미국의 LOHAS 소비자들은 성인 인구의 약 3분의 1 정도를 차지하고 있으며, LOHAS 시장은 2001년 약 2,300억 달러, 2004년 약 3,000억 달러(약 360조 원)의 규모에 달하는 것으로 추정되는데, 해마다 두 자리 숫자의 증가율을 보이며 성장하고 있다. 국내에서도 우리 사회가 성장 사회(양적인 목표의 경제 성장, 대량 소비, 물질주의 가치의 팽배)에서 성숙 사회(양보다 질의 추구, 탈물질주의 가치의 확산)로 방향을 잡아감에 따라 웰빙산업이 도입되기 시작하였을 뿐 아니라 경제수준의 향상, 노년 인구의 증가, 주 5일 근무제의 정착, 건강과 환경에 대한 인식의 변화 등으로 웰빙산업의 향후 전망 또한 매우 밝은 것으로 예측되고 있다. 특히 웰빙산업은 '건강'과 '삶의 질' 추구란 인간 욕구에 충실한 기본 수요를 바탕으로 하기 때문에 수요의 폭이 넓고 지속적이다. 따라서 우리는 웰빙마케팅을 생각해 볼 수 있다.

웰빙마케팅이란 이러한 웰빙 개념을 실현하는 상품이나 서비스의 기획, 생산, 촉진, 판매 등을 통하여 '삶의 질'을 추구하는 소비자들의 욕구를 충족시켜 기업의 이윤을 창출하는 것이라고 말할 수 있다. 그렇다면 최근 우리의 생활 전반에서 '웰빙'이라고 광고되는 상품들은 과연 이러한 개념들을 진정으로 내포하고 있을까? 일부는 그렇지만 대부분은 그렇지 않다. 웰빙마케팅의 전개에 앞서 다음을 생각해 보자.

1) 과연 우리의 '삶의 질'을 높이는 것들은 무엇일까? 최근 삶

의 질과 관련되어 화두가 되는 것들인 건강 기능성 보조 식품, 유기농산물, 환경 친화적 주택, 릴렉세이션이나 헬스 센터를 통한 건강 관리 등이 바로 그러한 예라고 볼 수 있다. 그러나 아직도 우리의 생활 속에는 마케터들이 미처 발견하지 못한 삶의 질을 실현시키는 데 관련된 많은 다양한 하위 영역들이 열려 있다. 그리고 삶의 질을 향상시키는 데 기여하는 하위 영역 키워드들, 예컨대, 건강 기능성이나 환경 친화성 등을 성취하기 위한 많은 기술, 수단, 요소, 성분들이 더욱 더 발전된 모습으로 마케팅에 접목될 기회가 남아 있다. 따라서 '삶의 질'을 높이는 또 다른 새로운 하위 영역들이나 요소들에 대한 탐험은 웰빙비즈니스 또는 웰빙마케팅을 위한 신제품 개발의 기회로 이어질 것이다.

2) 삶의 질을 추구하는 소비자들은 누구이며 어떤 구매 성향을 보이는가? 삶의 질을 추구하는 소비자들의 인구 통계적 특성과 라이프스타일 특성은 어떤지, 그들이 소비하는 제품 특성과 구매 행동 특성은 어떤지 등을 조사해볼 필요가 있다. 또한 다음의 질문들을 던져볼 필요가 있다. 삶의 질을 추구하는 소비자들이라고 모두 다 동일한 라이프스타일을 보일까? 동일한 웰빙 라이프스타일을 보인다고 모두 다 동일한 제품을 소비할까? 웰빙제품 소비 성향은 산업 전반에 걸쳐 공통적인가? 아니면 산업 분야 또는 인구 통계적 특성에 따라 특화되어 있는가?

'웰빙'을 실천하는 생활 분야나 추구 혜택의 핵심적 측면들은 소비자 특성에 따라 다르기 때문에 이들의 웰빙 라이프스타일이나 웰빙을 위한 소비 제품들은 다를 수 있다. 즉 '삶의 질'에 대한 지향은 공통되지만 '삶의 질'을 성취하는 유형과 방법은 소비자들에 따라 다를 수 있다. 예컨대, 어떤 사람들은 웰빙을 건강 기능성 식품의 소비에서 성취하는가 하면, 어떤 사람들은 친환경적 라이프스타일을 통해서, 어떤 사람들은 신체의 피로 회복이나 체력 단련을 통해서, 또 어떤 사람들은 가족과 함께 하는 주말여행을 통해서, 또 어떤 사람들은 건강 기능성 뷰티 또는 패션의 소비를 통해서 실현하기도 할 것이다. 그리고 소비자들에 따라서는 2개 이상의 생활 분야에서 중복된 웰빙 소비를 하거나 아니면 생활 전반 모든 분야에서 웰빙 소비를 실천할 수도 있다. 그리고 웰빙을 실현하기 위한 라이프스타일이나 소비 제품은 연령이나 산업 분야에 특화되어질 수 있다. 예컨대, 삶의 질을 건강 기능성을 통해 성취하고자 하는 소비자일지라도 건강 기능성 식품은 소비하지만, 건강 기능성 의류 제품 소비에는 별로 관심이 없을 수 있다(산업 특화). 또한 동일한 건강 지향 라이프스타일이라도 10~20대 여성은 건강 기능성 비타민 음료나 다이어트 식품에 더 관심을 보이지만, 30~40대 주부는 유기농 식품의 소비에 더 중요성을 둘 수 있다(연령 특화).

따라서, 웰빙마켓은 삶의 질을 추구하는 데 있어 가장 기본이자 중요한 핵심인 '건강 기능성'을 부여하는 제품 특히 식품 관련 분야가 주축이 되어 시작되겠지만, 웰빙 소비가 점차 보편화되어지면서부터는 웰루킹(well-looking: 건강 + 미용), 슬로비(slobbie: 건강 +가정), 네오웰빙(neo well-being: 건강 +심신의 수양) 등으로 다양하게 분파되어질 수 있으며, 웰빙제품의 소비 또한 산업, 연령, 성별, 소득 수준, 직업에 따라 특화되어질 수 있을 것이다. 이것은 시간적 흐름에 따라 웰빙 마켓의 구조, 규모 및 특성을 잘 이해하고 이에 맞는 STP 전략(시장 세분화, 표적 마케팅, 포지셔닝)이 필요함을 시사한다.

3) 4p's mix 관리는 어떻게 차별화되어질 수 있는가 ? 그 차별성은 '삶의 질'을 높이는 데 기여하는 하위 가치들을 탐색하는 것과 함께 이러한 가치 키워드를 실현시켜줄 수 있는 수단, 요소, 성분들을 접목시키는 데서 출발해 볼 수 있을 것이다. 우선 제품 전략(Product Strategy)에서는 '삶의 질'을 높이는 것과 관련된 하위 가치 키워드들 예컨대, 건강 기능성이나 친환경성을 실현시키는 핵심적 속성이나 혜택들을 부여해줄 수 있는 성분이나 요소들을 발견하고, 이를 제품에 실제적으로 부여하는 것이 기본이다. 그리고 가격 전략(Price Strategy)에서는 대중성(mass)과 고급성(prestige)을 동시에 실현시키는 가격인 메스티지(mass + prestige = mestige) 전략을 제안할 수 있다. 이것은 최근 국내 소비자들 전반에서 나타나고 있는 소비 트랜드인 '절약'의 키워드와 삶의 질을 실현하기 위한 고기

능성의 부여에서 비롯된 제품의 '고급성' 키워드의 접점을 형성하는 가격이기 때문이다. 이것은 「매일경제」에서 2004년 히트 상품 분석 결과 나타난 컨셉들인 '웰빙, 절약, 메스티지'와 일치한다.

유통(Place)이나 광고 촉진(Promotion) 전략 또한 소비자의 '삶의 질' 실현에 관련된 키워드들을 실제적 또는 상징적으로 보여주고, 들려주고, 느끼게 하고, 확신하게 하는 것이 중요할 것이다. 예컨대, 매장 내에 실제의 느티나무를 심거나(예: 더페이스 샵), 매장에서 풀벌래나 바다의 파도 소리를 배경 음악으로 사용하여(예: TTL 존) 자연을 느끼게 하는 것이다. 즉 웰빙의 키워드들인 건강, 친환경, 릴렉세이션, 여행 등의 컨셉 전달에 색상(시각), 향기(후각), 소리(청각) 등을 활용하여 소비자 감성을 일깨우고, 소비자들의 이성으로 그러한 키워드들을 수용하고 확신하도록 하는 것이 중요할 것이다.

이상에서 보는 바와 같이, 웰빙마케팅은 '삶의 질' 추구란 소비자 욕구를 충족시켜 기업의 이윤과 함께 소비자의 삶의 질' 실현에 기여하는 것에 그 목표를 두고 있다. 그렇다면, 지금까지의 표피적인 웰빙마케팅에서 벗어나 진정한 의미의 웰빙마케팅으로 사고를 전환하는 것이 필요하다고 생각된다.

홍희숙 교수(제주대)

감성/이성형 제품 포지셔닝 전략

일반적으로 우리는 제품과 서비스의 종류, 구매 목적, 구매시의 TPO (Time, Place, Occasion)에 따라 구매 형태를 분류할 수 있는데 제품과 서비스의 구매 목적만을 본다면 크게 감성형과 이성형으로 나뉜다. 예를 들어 스포츠웨어를 살 때 구입 동기가 "디자인이 마음에 들어서", "잘 어울려서"일 경우는 감성적 태도와 관련한 구매 결정 방법이고 "다른 물건과 비교해 싸서", "할인폭이 커서", "다른 가게보다 싸서", "유명 메이커라서" 라는 이유는 구매의 가치에 기초한 이성적 선택으로 볼 수 있다. 그렇다면 우리는 소비자들을 감성과 이성이라는 구분 기준을 사용해서 제품을 포지셔닝할 수 있을까? 이에 대한 해답을 추구하기 위해 일본 전통마케팅전략연구회는 일상생활 영역을 1) 음식 영역, 2) 장식 영역, 3) 놀이 영역, 4) 사교 영역, 5) 지식 영역의 5가지로 분류하였다. 그리고 각 영역에 10개 제품을 포함시켜 50개 제품을 대상으로 아래의 4가지 기준을 선정하여 감성/이성형 제품을 분류해 볼 수 있다.

1) 감성/이성: 감성형 제품은 "자신의 감각", "유행", "분위기/겉모양"의 관점에서 선택되고 이성형제품은 "회사에 대한 신뢰도", "기능/품질", "저렴한 가격"의 요인이 중시된다. 전형적 이성적 제품은 금융제품, VTR, 통신 판매, 컴퓨터, 골프회원권 등이며 감성적 제품은 영화, 연극, 생일선물, 그림액자, 향수 등이다

2) 동일화/차별화: 동일화된 제품은 광고 이미지나 일반적 평판의 관점에서 선택되며 차별화된 제품은 우월성과 개성 표현의 관점에서 선택된다. 전형적인 동일화 제품은 스포츠 음료, 소주, 레저랜드, 미네랄 워터 등이 있고, 차별화 제품은 귀금속, 악세서리, 교양 강좌, 고급백 등이 있다.

3) 권위성: 일반적인 평판을 염두에 두고 권위나 전통이 주는 안도감과 신뢰가 주요 구매 요인이 된다. 문화센터, 학원, 각종 스포츠교실처럼 제품 가치를 사전에 알 수 없는 지식 제공 서비스가 해당된다.

4) 경제성: 되도록이면 저렴한 가격을 원하는 소비자의 욕구를 반영하며 문화센터, 간단한 여행, 영양 드링크 등이 여기에 속한다

위의 4가지 요인 중에서 가장 중요한 두 요인, 즉 감성/이성과 동일화/차별화 요인을 사용하여 소비자의 심리적인 측면에서 제품 포지셔닝을 할 수 있다. 감성/이성과 동일화/차별화 요인을 각각의 축으로 하여 포지셔닝 맵을 만들 수 있다. 각 사분면에 대한 설명은 다음과 같다.

1) 유행 추종형 제품 영역 (제 1사분면: 감성 + 동일화)

이들은 주로 유행을 구매하는 "Buy Fashion" 제품 형태로써 감성과 동일화가 구매결정 요인이다. 주로 음식과 놀이, 사교 제품이 해당된다. 영화와 연극이 대표적인 유행 추종형 제품인데 이는 유행에 따른 새로운 화제를 야기하는 제품 특성을 갖는다

2) 권위 존중형 제품 영역 (제 2사분면: 이성 + 동일화)

이는 권위를 존중하는 "Buy Prestige" 제품들로써 이성과 동일화의 관점에서 구매된다 대체적으로 놀이, 사교, 음식 제품이 속해 있다. 이들은 객관적 가치를 사전에 판단하기 어려우므로 상품의 신뢰도가 판매를 결정한다. 대표적 제품으로는 통신 판

매가 있는데 이 서비스는 우선적으로 회사의 권위와 신뢰를 알아야 하기 때문에 권위의 중요성을 반영한다

3) 자기 과시형 제품 영역(제 3사분면: 이성 + 차별화)

이들은 “Buy Status”같이 우월감을 중시하는 제품으로써 이성과 차별화를 구매 요인으로 갖는다. 자기 과시를 위한 사회적인 차별화가 구매 동기로 작용한다. 대표적 제품으로는 주택과 금융상품이 있는데 이들은 자신의 경제력과 라이프스타일, 생활의 감각을 과시하는 도구로 쓰인다.

4) 자기 연출형 제품 영역 (제 4사분면: 감성 + 차별화)

“Buy Happiness” 제품으로써 감성과 차별화의 관점이 구매를 결정하고 주로 장식과 사교 제품들이 이에 속한다. 이 제품은 제품을 소유함으로써 얻는 기쁨과 무언가 새로운 것을 배우는 충실감에 기초한다. 대표적인 제품으로는 생일선물인데 선물을 구입할 때는 품질이나 기능보다는 자신의 안목과 상대방의 기분을 중시하게 된다

윤성준 교수(경기대)

스타일 마케팅: 외양과 소양의 소통시대

진정한 자아를 느끼는 개인의 스타일이 중요해지고 있다. 과학기술의 발달에 의한 경제의 발전은 생활과 소비에서도 개인의 표현과 주체적 구매 결정을 가능하게 한다. 개인의 정체성을 표현하고 느낌을 자유자재로 소통할 수 있는 물리적 조건(정보통신 기술이나 디지털 기술)의 구비에 따라 이제는 기술과 예술이 결합을 하여 외양과 느낌을 중요시하는 소비 세계를 창조하고 있는 것이다.

상업적인 스타일은 단순히 소비의 낭비와 망상을 가져오는 것이 아니라 개인 소비자의 기쁨에 대한 긍지와 감동을 나타낸다. 스티븐 잡스(steven P.Jobs)의 아이팟(iPod)은 기능성을 중요시하면서도 디자인의 표현적 요소를 적절히 배치하여 MP3를 사용하는 소비자의 감각을 공략하여 제 2의 스티븐 잡스의 창조시대를 열어간 것으로 평가받고 있다.

이제는 단순히 기능을 뛰어 넘어 외양과 느낌을 제품의 가치 속에 심어주는 미적 가치의 기호학적 의미와 이미지에 대한 기업의 도전을 필요로 하는 시대로 접어들었다. 이것이 중요한 이유는 감각적 희구가 우리 문화에서 더욱 중요해지고 있기 때문이다. 경험은 실체와 표면 사이의 단순한 이분법에 의하여 우리의 세계를 구분짓는 것이 무의미하다는 것을 강조하고 있다. 경험이 내포하고 있는 미적 가치와 그것이 개인 및 경제 · 사회적 생활과 맺는 관계(상황 또는 맥락)의 속성이 인간의 본능(상상력과 호기심)을 새삼스럽게 자극하여 소비를 결정짓는 매력 요소가 되고 있다(포스트렐 2003).

소비자들의 관심과 흥미를 이끌어내는 요인은 단순한 기능이나 디자인이 아니라 감각적 즐거움과 삶의 의미가 개별적인 표현으로 다양하게 소비의 세계에 녹아 있는 미적 가치이며, 이것이 실제 생활 속에 담겨져 있어야 하다는 것이다. 경쟁으로 인해 품질은 높아지고 가격은 떨어졌기에 이제는 색다름과 공감을 불러일으키는 독특한 매혹과 분위기가 외양과 느낌으로 표현되어야 다양성과 차별화를 통한 스타일 마케팅이 가능하게 된 것이다.

기업의 현실적 차원에서 미적 가치(미적 다원성)는 점점 더 많은 다양성을 제공하도록 경쟁시키는 수단이 된다. 다양한 개인적 스타일의 표현을 위해서는 다양한 변형이 가능하도록 재결합될 수 있는, 규격화된 구성 단위(모듈)로 디자인된 제품을 제조할 수 있는 대량 맞춤(Mass-Customization) 생산 시스템을 필요로 한다. 소비자가 자신의 개성을 느낄 수 있도록 자기 표현의 욕구를 기업이 수용하여 진정으로 가치 있는 어떤 것을 확인해주고, 사물의 외양과 느낌을 통하여 미학적 즐거움을 줘서 인간의 심오한 본능을 일깨워주는 미적 풍요로움을 만들어내야 한다. 예컨대 까시미야, 쌈지, 코즈모 매장 , 웅진 코웨이의 렌탈 하우스 및 살롱 구두점 등의 사례가 이러한 흐름을 반영하고 있다.

미적 풍요로움은 주변에 널려 있는 신호들과 장치에 의하여 달성된다. 여기에는 색상, 선과 형태, 색조, 그리고 질감을 이용하는 기술과 재료 및 소재가 포함되며, 그리고 미적 개념의 상징적 비주얼 이미지가 있다.

커피 전문점인 스타벅스는 독특한 색채, 실내 장식용 질감, 밝은 소품, 안내 및 책자 그리고 이야기 주제 등 신선하고 독특한 다양한 디자인 언어를 사용하여 상징적 비주얼 이미지(독특한 커피의 향기란 문화적 이미지)로 점포의 스타일을 창조함으로써 다양성과 차별화에 의한 경쟁우위를 구사하고 있는 대표적인 블루오션 기업이다.

특히 디지털 사회에 진입을 앞두고 있는 기업의 입장에서는 더 이상 가격이나 품질만으로는 개성이 강하고, 까다로운 소비자의 인식의 스키마에 대한 관심을 충족시킬 수 없다. 이제는 상품의 외적 품질(무형의 방식으로 결합된 소재 및 디자인 요소)과 상품에서 파생된 내적 품질(상품의 스타일에서 파생된 이미지 가치)에 대한 외양과 느낌의 매력적 요소를 어떻게 부가하느냐가 기업의 경쟁력을 좌우하는 시대이다. 즉 향후 전개되는 소비의 세계는 필연적으로 미학의 중요성을 강조하는 시대로 접어들고 있다. 주변에서 이윤을 창출하고 있는 기업이나 점포 및 상점을 보라. 이제는 다양성과 차별화를 스타일의 측면에서 고려하고 이를 표현하는 회사만이 생존하는 블루오션 시대로 접어들었음을 상기해야 한다.

노영성 교수(강릉대)

3 소비자의 심리적 특성을 반영하는 생활양식에 따른 사업 및 제품 계획을

지금으로부터 10여 년 전에 발간된 삼성경제연구소 연구보고서 중 "미래 유망 상품: 인구 구조 변화를 중심으로"(이범일 외 2인)에서 10년 후인 2005년경의 인구 구조를 예측하고 이에 적절한 세대별 유망 상품 컨셉을 제시한 적이 있다. 1994년까지의 유망 상품 키워드는 중후장대(重厚長大) 에서 경박단소(輕薄短小), 그리고 경박단소에서 미창유감(美創遊感)으로 변화해 왔다고 하고 있다. 즉, 과거에는 상품 자체의 내재된 특성이 크고 무거우며 풍부하고 규모가 있는 제품이 소비자에게 보다 잘 수용되어 오다가 점점 가볍고 얇으며 작고 간편한 상품이 더욱 잘 소구(訴求)되었다는 것이다. 한편, 10년 전쯤에는 상품의 내재된 특성보다는 소비자의 요구와 생활 패턴을 반영한,

보다 아름답고 새로우며 인생을 즐기는 추세에 부합하며 소비자 감성을 자극하는 상품이 성공할 수 있다는 것이었다.

당시에 단기적 미래의 기간으로 구분한 금년까지의 예측 내용을 보면 우선, 사회 인구 구조의 주류를 신세대, 독립생활자, 취업주부, 아동층 및 실버(뉴그레이)층으로 구분하고, 이들이 추구하는 생활양식 특성에 기초하여 새롭게 부상하는 유망 상품의 특성을 본화편정(本和便情)으로 규정하였다. 즉, 상품이 갖는 본질적, 기본적 기능을 중시하고, 생활 측면에서도 직장보다는 가정, 사회적 관계보다는 자연 회귀, 일보다는 건강, 첨단보다는 고전, 화려함보다는 심플함을 추구하는 기본 회귀적 특성이다. 그리고, 상품과 소비자 개인의 개성, 경제적 여건, 생활 시공간 등과의 조화를 중시하는 조화 추구 특성이다. 또, 시간 절약, 공간적 쾌적성 추구 및 생활의 편의 증대와 관련된 상품 추구의 편의 지향 특성이다. 나아가 가족 간, 동호인(同好人) 간, 지역사회 구성원 간의 인정(人情) 추구 특성이다. 이러한 특성을 갖춘 상품 컨셉이 성공할 것이라는 것이다. 지금의 소비자 시장을 검토해 볼 때 당시 변화무쌍한 마케팅 환경 하에서 매우 통찰력 있는 연구 결과였다고 평가할 수 있겠다. 특히, 눈여겨 볼만한 대목은 최근 수년간 있어 온 보건의료 영역에서의 의약 분업, 의료시장의 개방, 영리법인의 병의원 개원 제도화, 민간보험제도의 도입 등과 같은 환경 변화를 미리 읽을 수 있다는 것이다.

지난 수년 전부터 보건의료 영역에서도 과거 단순 의료 공급자로서의 자세를 서서히 개선하기 시작하여 최근에는 환자를 고객으로 인식하기 시작하는 것 같다. 의료 서비스 영역에서 시장과 고객 개념, 그리고, 소비자의 인구 고령화 및 웰빙 소비 확산 추세를 인식하기 시작한 특화된 병원(예컨대, 모 피부과병원 등)들은 인접 중국 및 동남아 국가 또는 구미 시장에로의 진출까지 하였거나 기획하고 있는 실정이다. 이러한 보건의료 기업의 마케팅 활동도 역시 앞에서 언급한 소비자의 특성이나 생활 패턴 변화에 기초하고 있음은 재론할 필요가 없을 것이다.

금년 초 대한상공회의소 보도자료 "2005년 소비시장 키워드 전망"에서도 올해의 히트 상품 키워드를 "3 S's"로 전망하였다. 즉, 싱글(Single)족을 대상으로 하는 개인별 맞춤화 상품 내지 복합 다기능 상품이 유망하다는 것이다. 또 한 가지는 자기 만족(Self-Satisfaction)으로 자기 중심적 사고방식과 의사를 실현하고 새로운 재미를 추구하는 고객 중심의 컨버전스(convergence) 마케팅이 유리할 것이라는 것이다. 마지막으로, 안전(Safety) 즉, 소비자들의 신체적 건강 및 정신적 여유에 대한 희구 증가와 웰빙, 나아가 환경 중시 마케팅 관련 시장의 팽창 · 지속을 예측하고 있다.

문제는 과거의 유망 상품 키워드가 주로 상품의 내재적 속성이나 제품의 기술적 측면에 근거를 두었다면 요즘의 키워드는 소비자의 심리적 특성이나 이를 추구하는 생활양식의 변화에 근거를 두고 있다는 점이다. 신 사업을 구상하거나 신제품을 계획하는 마케팅 관리자를 포함하여 새로운 환경에 직면하고 있는 보건의료 서비스 관리자들도 주목해야 할 대목이라 생각한다.

설상철 교수(동아대)

변화하는 소비자의 욕구 충족을 위해 능동적으로 대처하라

우리 기업들이 성공하기 위해서는 좋은 품질과 디자인, 조직화된 유통망 구축 그리고 변화의 흐름을 빨리 읽어낼 수 있는 능동적 마케팅 전략이 필요하다. 이러한 요소들은 모든 산업 분야에 걸쳐 절대적으로 필요하지만 특히 패션산업의 경우는 매 시즌마다 다양한 종류의 상품들이 시장에서 치열한 경쟁을 벌이고 있기 때문에 재빠르고 적극적인 마케팅 능력을 갖추는 것은 생존의 문제이다.

패션은 다른 산업과 차별화되는 독특한 특징들이 있다. 우선 '유행'과 '시즌'이라는 특성 때문에 공산품과는 달리 상품 주기가 매우 짧고 계절 변화와 함께 매 시즌마다 소재, 스타일, 디자인 등이 다른 신상품을 시장에 선보여야 하며 동일한 패션 상품이라도 SKU(Stock Keeping Unit, 기초 재고)가 다른 제품에 비해 상대적으로 많다. 또한 브랜드 명성이나 디자인의 독창성이 있으면 타 상품에 비해 원가 대비 부가가치를 상당히 높일 수 있는 장점도 있다. 반면에 상품 가치가 시간이 지남에 따라 급속히 감소하므로 재고가 남지 않도록 정확한 수요 예측과 판매 전략이 필요하다.

그러므로 머천다이저의 역할이 매우 중요하고 패션 머천다이저들은 국내외 마케팅 환경을 파악하여 시장의 흐름을 분석하고 급속하게 변화하는 소비자들의 욕구와 기호를 찾아내어 이익을 극대화할 수 있는 상품 기획 능력을 가져야 한다.

현재 소비자들은 패션 상품을 쇼핑할 때 다양한 종류의 패션상품군을 한 곳에서 구입하고자 하는 one-stop 쇼핑을 추구하고 있다. 이러한 욕구 충족을 위해 SPA 형태의 대형 매장들이 급속히 성장하고 있는데 다양한 연령층을 대상으로 다양한 스타일을 한 매장에서 선보이면서 기존의 의류 매장과는 달리 보다 강렬하게 브랜드 이미지를 소비자가 각인하도록 하고 있으나 아직 성공한 SPA 매장이라고 평가하기는 어렵다.

'BNX'나 'EXR' 의 경우 기존의 캐주얼 매장과는 달리 젊은 세대들의 새로운 라이프스타일을 예측하여 디자인 뿐 아니라 첨단 기능성 소재의 사용으로 새로운 스포츠 캐주얼 패션 상품을 판매하여 인기를 얻고 있다. 종합적인 상품 기획 전략이 소비자들 사이에서 높은 호응을 보이면서 MANGO, QUA도 한 매장에서 다양한 연령층의 스타일과 욕구를 충족하는 패션 상품을 선보이고 있다.

스페인의 대표 브랜드인 ZARA는 명품이나 중저가 브랜드 등을 망라한 다양한 브랜드로부터 디자인을 응용한 상품 기획력과 QR 시스템으로 납기를 줄이면서 소비자들에게 다양한 스타일의 신상품을 2주마다 공급함으로써 성공 사례가 되고 있다.

오늘날 또 하나의 중요한 시장 변화는 청소년 시장이 줄어들고 중노년층 시장이 커지고 있는 점이다. 그러나 실버 마켓을 위한 브랜드는 현재 매우 적은 편이고 노년층의 욕구에 발 빠르게 대응하지 못하는 것 같다. 중노년층은 체형 변화, 건강 상태, 심리적 변화로 옷이나 신발 액세서리에 대한 욕구가 젊었을 때와 매우 다르다는 것을 인식하여 보다 기능적이고 과학적인 소재와 패턴을 가지고 스타일을 창조할 수 있는 업체가 필요하다.

더 나아가 비좁은 국내 시장을 탈피하여 외국 시장을 적극 공략하여야만 글로벌 경쟁에서 살아남을 수 있는 현실에서 패션 기업이 해외 시장을 진출하기 위해서는 먼저 잠재 시장이 될 국가에 대한 문화와 소비자 특성을 연구하여야만 성공할 수 있으리라 생각한다.

홍병숙 교수(중앙대)

트렌드와 브랜드

웰빙(well-beling), 펀(fun), 유비쿼터스, 블루오션 등 수많은 트렌드가 매일매일 새롭게 대두되고 있고, 기업은 이러한 트렌드를 마케팅 전략에 수용해야 하는지, 상품과 서비스에 어떻게 반영해야 하는지가 큰 고민거리이다.

인터넷의 대중화와 매스미디어의 발달로 소비자들은 전세계의 최신 트렌드를 매일 접할 수 있게 되었고, 심지어는 상품 기획자나 마케터보다 더 빨리 최신 트렌드를 접하며 민감하게 반응하기도 한다. 다양한 소비자들의 욕구를 충족시키기 위해 기업은 독특한 상품과 서비스를 개발하고 제공하느라 분주하다. 특히 최신 트렌드를 반영한 상품과 서비스를 통해 새로움을 추구하는 소비자들의 까다로운 입맛을 만족시키려고 노력한다. 기업은 고부가가치를 창출할 수 있는 트렌드라면 상품과 서비스에 적극적으로 적용하고 있고, 소비자도 자신의 다양한 욕구를 충족시키는 트렌드를 반영한 상품과 서비스를 적극적으로 탐색, 비교, 구매하고 사용한다.

이렇게 우리가 매일 접하고 있는 수많은 트렌드는, 얼마나 오랫동안 수용되는가와 얼마나 많은 사람들에 의해 수용되는가에 따라 패드, 패션, 클래식, 문화로 발전하게 된다. 2004년 방영되었던 '파리의 연인'에서 소도구로 사용되었던 핑크색 돼지저금통은 패드로 그쳤고, 김정은이 입었던 볼레르 카디건은 2005년 7월 현재에도 인기있는 패션 아이템이며, Levi Straus가 1853년에 천막지로 만들었던 청바지는 지금도 전세계에서 연령에 관계없이 즐겨 입는 클래식 아이템이 되었다. 한국에서 청바지는 70년대부터 청년문화의 상징으로 대표되고 있다.

늘 새로운 것을 추구하고자 하는 소비자들의 욕구에 의해 새로운 트렌드는 생성되지만, 실제 새로운 트렌드가 패션으로 클래식으로 발전되는 경우는 그리 많지 않다. 그렇다면, 기업이 새로운 트렌드를 쫓기 위해 수많은 노력을 하지만, 이보다는 타깃 소비자가 추구하는 근본적인 가치를 파악하고 이를 충족시키는 질적인 새로움을 제공하는 상품과 서비스를 지속적으로 개발하는 것이 장기적인 기업의 성장 전략이 아닐까?

우리가 잘 아는 명품 브랜드를 조사해보면, 각 브랜드마다 지속적인 판매히트상품은 대부분 클래식 아이템이다. 루이뷔통의 모노그램 핸드백이나 샤넬의 골드 체인 퀼팅 백은 시대와 지역에 상관없이 여성 소비자라면 하나쯤 갖고 싶은 명품일 것이다. 브랜드의 고유한 컨셉을 반영한 상품과 서비스일수록 소비자들에게 오랫동안 수용된다는 것을 알 수 있다. 트렌드를 즉각적으로 반영한 상품과 서비스는 새로움을 추구하는 소비자들의 관심을 자극하는 중요한 요소이나, 지속적인 구매로 연결되고 명품 브랜드로 성장하기 위해서는 차별화된 브랜드의 가치에 의해 가능하다.

이 시대의 스마트 소비자들은 트렌드에 대한 관심이 상당히 높지만, 트렌드를 단순 추종하기보다는 자신의 개성과 이미지를 고려하여 선택적으로 수용하고, 추구하는 핵심 가치가 분명하여 이를 충족시켜주는 브랜드의 상품과 서비스를 적극적으로 찾고 있다. 그렇다면, 기업은 상품과 서비스 및 고객의 유형을 고려하는 트렌드와 브랜드 사이의 적절한 선택 전략이 필요하지 않을까?

고은주 교수(연세대)

마케팅 전략 : 고객 감동이라야 성공

디지털 정보화 사회에서 판매 지향적 마케팅이 아닌, 고객 지향 마케팅에서는 마케팅 전략 수립도 혁신적인 관점에서 이루어져야 한다. 기업 간의 경쟁이 치열해지고 소비자의 기호가 다양해지면서 판촉, 광고 중심으로 이루어지던 판매 위주의 마케팅에서 사후 관리인 A/S가 주요 구매 결정 요인이 되는 고객 서비스 시대로 변하고 있다는 것을 보여주는 예이다.

오늘날 마케팅에서 가장 핵심적인 개념이 니즈(Needs)가 아닌 고객 감동(Impression)인데, 니즈는 사람이 살아가는데 필요한 의 · 식 · 주, 존경, 안전 등 본원적이고 기본적인 욕구를 말한다. 그러므로 고객의 니즈(Needs)는 감동(Impression)을 만족시키는 대상에 의해 표현된다.

오늘날 소비자는 예전과 달리 상품 선택의 폭이 다양화되면서 훨씬 까다로워졌다. 여러 가지 상품에 대한 정보를 인식하여 내셔널 브랜드나 지역 브랜드 간의 비교 평가를 하여 자신의 지불 가격에 비해 최대의 가치를 제공하는 상품을 구매하는 이른바 비교 구매 성향이 늘어나고 있다. 또한 상품의 가격이나 품질과 같은 하드(hard)한 측면 뿐만 아니라 브랜드 이미지, 상품 서비스, 상품에서 느낄 수 있는 감성적 분위기 등을 포함하는 소프트(soft)한 측면까지를 평가하고 있다. 특히, 신세대 소비자의 경우 제품의 하드한 측면보다는 소프트한 측면에 대해 감성적으로 강한 반응을 보이고 있다.

그렇다면 고객 감동과 고객 만족의 차이는 무엇인가? 고객 만족은 정적이고 일시적인 개념인 반면, 고객 감동은 보다 강도 높은 감정적인 개념으로서 감성적으로 고객의 충성도와 애호도를 제고시켜 궁극적으로는 고객이 상품과 서비스의 후원자가 되도록 하는 과정으로 볼 수 있다.

그 하나의 예로 일렉트로룩스코리아는 최근 대우전자서비스와 애프터서비스에 대한 전략적 제휴를 했다. 고객들이 한정된 자사의 서비스센터 뿐 아니라 전국 곳곳에 퍼져 있는 대우전자서비스의 서비스센터를 이용할 수 있도록 하기 위한 것으로 일렉트로룩스코리아의 홈 케어센터로 전화하면 대우전자서비스센터로 연결돼 서비스를 받을 수 있다.

소니코리아 역시 365일 애프터서비스가 가능한 "원스톱 솔루션 센터"를 운영하고 있다. '스파이더맨' 그림이 전면을 덮은 대형 홍보용 버스로 소니코리아가 고객에게 가까이 다가가기 위해 내세운 또 다른 고객 밀착 프로그램. '베가 시어터(WEGA The-ater) 갤러리 버스'라고 불리는 이 버스 안에는 소니의 대표적인 제품군과 홈시어터 체험관 등이 마련돼 있다. 소니코리아는 주요 간선도로 등을 달리는 이 버스를 통해 고객의 시선을 사로잡겠다는 고객 감동의 실천을 하고 있는 것이다.

그리고 고객 감동 마케팅은 소비자가 전혀 생각지 못했던 상품이나 무형의 서비스를 제공함으로써 소비자를 감동시키는 것으로 표현할 수 있다. 만족이란 어떤 이성적인 개념이지만, 감동이란 기업이 고객을 스승이 제자를 대하듯이 친숙하고 신뢰성 있게끔 이해하고 도움을 주는 것이다.

고객 감동 마케팅은 크게 두 가지 접근 방법이 있다. 소비자가 인지하지 못했던 니즈 또는 원츠를 찾아내어 이를 지속적인 신제품을 통하여 충족시킴으로써 고객을 감동시키는 기술 혁신형 감동 마케팅과 고객과의 관계를 잘 만들어 고객을 감동시켜 한 번 고객을 평생 고객으로 만드는 고객 관리형 감동 마케팅이 있다. 그렇다면 관계를 잘 만들기 위해서는 어떻게 해야 하는가?

그것은 제자가 스승에게 모든 것을 따르고 배우듯이 고객들은 판매자에 대한 의존도를 높이고 나아가 고객에게 감동을 주는 것이다. 기존의 판매 위주 촉진 개념에서 벗어나 고객과의 장기적인 유대를 강화하는 것이며, 장기적으로 고객과의 경제적, 기술적, 사회적 관계를 돈독히 하는 고객 결속을 만들어 내는 것이다. 고객을 감동시키기 위한 감동 마케팅에는 여러 가지 실천 수단이 있다.

첫째, 신상품정보, 세일즈 프로모션, 업계 정보 등을 고객 뉴스레터를 통하여 제공할 수 있을 것이다.

둘째, 고객과의 상호 의존적 커뮤니티 관계를 구축하기 위한 여러 가지 경영 지원 요소, 수요 예측 기법의 정성적 · 정량적 기법의 제공, 특히 델파이 기법, 역사적 유추법, 상품의 수직적 관계, 수평적 관계 등에서 카테고리를 형성할 수 있다.

셋째, 주요 고객데이터베이스를 뽑아 특정한 날에 축하 전문 또는 감사 편지를 보낼 수 있을 것이다.

넷째, 고객 데이터베이스를 관리 제도를 도입하는 것이다. 매출액에서 큰 비중을 차지하는 고객을 뽑아서 고객 데이터베이스 관리자를 배치하여 고객 서비스를 통합적인 시스템으로 관리하게 되며, 정기적으로 고객 데이터베이스 관리 보고서를 작성하게 하여 객관적 실적에 따라 인센티브를 주는 것이다.

기업의 경영자와 마케팅 관리자는 상품 자체의 내용, 즉, 제품의 기능이나 디자인 또는 스타일에 치중하는 마케팅 근시안에서 벗어나 고객의 감동을 찾기 위해 노력을 해야 한다.

따라서 마케팅 관리자나 경영자들은 끊임없이 우리제품에 대해 고객이 본질적으로 원하는 것은 무엇인가? 또는 고객이 이 상품을 왜 구매할까? 라는 질문을 던져서 여기에 대한 대답을 얻으려고 노력해야 한다. 이와 같은 노력을 계속하면 상품에 대한 고객의 본원적 욕구(니즈)를 얻게 되고, 이를 바탕으로 고객 감동을 위한 마케팅 전략을 수립하면 보다 좋은 결과를 얻게 될 것이다.

심규열 교수(구미 1대)

02

기업의 마케팅은 이렇게!

판매가 죽어야 마케팅이 산다? / 기업 마케팅 전략 / 문화와 글로벌 마케팅 / 마케팅은 결국 관계 관리 / 관계 마케팅과 관계 혜택 / 도망간 노예와 베네통 / 대한민국 농업을 살리는 신뢰 마케팅

판매가 죽어야 마케팅이 산다?

대학에 대한 기업들의 불만

얼마 전에 한 졸업생을 만난 적이 있다. 그 졸업생은 학교에 다닐 때는 몰랐는데 막상 직장에서 근무해보니 학교에서 배운 것이 중요하다는 것을 알게 되었기에 배운 교과서를 자주 들이보고 다시 읽어 본다고 했다.

우리나라 기업들이 대학에 대해 갖는 가장 큰 불만 중의 하나는 대학들이 불량품을 비싼 등록금만 받고 양산한다는 점이다. 기업이 별도로 교육을 시키지 않고는 현장에 투입할 수가 없다고 대학을 비판한다. 실무적인 지식을 가르치는 데는 등한시하고 크게 필요하지도 않는 이론만 가르친다고 비난한다. 대학은 이런 비판에 대해 기업이 대학에 해주는 것이 무엇이 있느냐고 되받아 친다.

기업의 이런 비난을 의식하여 우리 한양대학교에서는 해마다 기업에서 관련자를 초청하여 기업이 원하는 대학에서의 교육이 무엇인지를 알고자 한다. 심지어 교과과정 개편이 있을 때는 기업에 초안을 보내어 자문을 구하기도 한다. 그것은 우리 학교의 모토인 "실용 학풍"을 진작하기 위한 일환이다.

기업과 대학이 서로를 비판하는 데는 서로에게 일리가 있다고 생각한다. 대학은 학문성을 다소 희생하더라도 실용적인 내용을 가르치는 데 비중을 높여야 한다고 생각한다. 반면에 기업들은 대학에 문호를 개방하여 실용적인 학문을 가르칠 수 있도록 충분히 도와주어야 할 것이다.

마케팅의 확산과 판매의 위축

대학들이 실용적인 지식을 전수하는 데 등한시했다는 점도 감출 수 없는 사실이라고 생각한다. 필자가 조사한 바에 의하면 1985년까지만 해도 우리나라에는 기업 내에 마케팅 부서가 없었다. 그러나 지금은 "마케팅"이라는 말이 보편화되어 여러 학문 분야로 확산되고 있다. 이에 따라 무슨 무슨 마케팅이라는 말을 신문에서, 텔레비전에서, 라디오에서, 인터넷에서 자주 접하게 되었다. 이제는 경제라는 용어를 마케팅이라는 용어가 대체하고 있는 현상까지 볼 수 있게 되었다. 사실 자본주의가 계속되는 한 마케팅은 중요할 수밖에 없다.

마케팅이라는 용어가 중요해지면 해질수록 대학에서 등한시되는 분야가 있다. 그 분야가 바로 "판매"가 아닌가 생각한다. 물론 판매는 마케팅의 한 분야인데 무슨 소리냐고 반문 하는 것은 당연하다. 여기서 지적하고자 하는 것은 판매가 마케팅의 한 분야가 아니라는 것을 지적하고자 하는 것이 아니라 판매의 중요성이 간과되어서는 안 된다는 점을 강조하고자 한다.

판매는 우리나라 기업에서 영업이라는 용어로 사용되어 왔다. 마케팅이 기세를 확장하면서 영업부서가 축소되거나 폐지되어 버렸다. 안타까운 일이다. 왜냐하면 마케팅 중에서도 판매가 가장 중요하다고 믿고 있기 때문이다. 그럼에도 불구하고 대학에서 왜 판매 교육이 등한시되고 있을까?

우선 판매가 대학에서 등한시되고 있다는 주장을 뒷받침 해보자. 많은 대학의 교과과정에 판매나 판매 관리 과목이 없다. 기껏 마케팅 관리에서 인적 판매를 다루는 것이 고작이다. 대학에 판매 관련 교과가 없다보니 자연히 학문적인 교과서도 거의 없다.

졸업 학점이 한정되어 있기 때문에 판매 관리 과목을 우리 대학에서도 개설할 수가 없었다. 이에 따라 경영 특강 시간에 학생들에게 판매를 가르쳤다. 그런데 문제는 적당한 교재가 없어 애를 먹었다. 즉 학문성(이론)과 실질성(실무)을 다 갖춘 교과서가 없다. 며칠을 두고 서점에서 뒤졌지만 교과서로 채택할 만한 서적은 없었다. 모두가 판매 실무에 관한 서적 뿐이다. 서두에 나오는 졸업생은 이 판매의 중요성을 현장에서 깨달았다는 것을 강조했다.

판매 교육의 외면

마케팅에서 불량학생을 양산하지 않기 위해서는 판매를 가르쳐야 한다고 믿는다. 마케팅을 전공한(그런 전공은 우리나라 대학의 학부에서는 거의 없었지만) 학생들이 기업에 취업을 하게 되면 대부분이 영업 분야에서 업무를 보게 된다. 그것은 미국도 예외가 아니라고 생각한다. 대리점 관리나 은행의 창구 직원은 마케팅 보다는 영업에 속한다. 그들은 무엇보다도 고객을 많이 유치해야 한다. 즉 잘 팔아야 한다. 잘 팔기 위해서는 판매기술을 이론적으로나 실무적으로 알아야 한다. 그러나 현재 4년제 대학에서는 그런 기술을 거의 가르치지 않는다. 대학에서 판매 교육을 외면해 왔기 때문이다. 그러다보니 경영학을 전공한 학생들은 판매에 대해서는 아는 것이 거의 없이 대학을 졸업하게 된다. 그러니 대학이 불량품을 양산한다는 비난을 받을 수밖에 없다.

그러면 왜 이렇게 판매가 등한시되었을까? 아마도 카틀러(Kotler) 교수가 쓴 마케팅 교과서에서 "판매 중심 철학"이 "마케팅 중심 철학"보다 잘못되었다는 인식을 주기 때문으로 짐작한다. 이에 따라 다수의 교수들이 은연 중에 어쩌면 자기도 의식하지 못하는 동안에 판매는 죽어야 하고 마케팅은 살아야 한다고 오해를 하고 있는 것처럼 보인다. 만일 이것이 사실이라면 우리 마케팅 교수들은 이런 잘못된 인식에서 벗어나야 한다고 생각한다. 판매 중심 철학에 문제가 있는 것이지 판매 그 자체에 문제가 있는 것은 아니다. 마케팅 개념을 활용하여 판매를 잘할 수 있기 때문이다. 따라서 판매 중심 철학과 판매를 혼동하지 않도록 유의할 필요가 있다고 생각한다. 실제로 미국대학에서는 "판매 관리"가 중요하게 취급되고 있다. 기업에서 판매가 무엇보다도 중요하기 때문이다.

판매가 중요하다고 생각한다면 학생들에게 당연히 판매 기법과 판매 관리 방법을 가르쳐야 할 것이다. 판매 교육은 실무에 비중을 더 많이 두어야 한다고 생각한다. 그렇게 하기 위해서는 학생들이 실제로 판매를 해보도록 하는 학습 방법이 필요하다고 생각한다. 판매 기법은 배워서 습득할 수도 있겠지만 사람을 다루는 기법은 가르치기가 쉽지 않기 때문에 스스로 터득하도록 하는 방법이 더 효과적이라고 생각한다.

판매 교육의 중요성

판매가 기업을 생존하게 만들고 판매가 기업을 성장하게 만든다. 판매 없는 기업이란 있을 수 없다. 판매로부터 수입이 창출되기 때문이다.

판매는 기업의 생존과 성장에 중요할 뿐만 아니라 미래의 CEO를 훈련시키는 데도 중요하다. 많은 미국 기업들의 CEO는 영업 사원 출신이었다. 그 대표적인 사람이 리 아이코카 전 클라이슬러 회장이다. 그는 기계공학과 출신이지만 Ford에서는 영업부에서 잔뼈가 굵은 사람이다. 우리나라에서는 정주영 회장이 대표적인 예라고 할 수 있다.

판매를 하게 되면 사람을 보는 안목을 갖게 된다. 영업을 알게 된다. 즉 소비자들을 알게 된다. 여러 분야의 사람들을 사귈 수 있다. 이에 따라 인맥이 넓어진다. 또한 모난 인격이 마모되면서 원만한 인격을 갖게 된다. 친화력을 갖게 되어 사람들을 포용할 수 있는 역량을 갖게 된다. 따라서 대인 관계가 원만해 진다.

그러나 판매는 결코 쉬운 직업이 아니다. 많은 여행을 해야 한다. 많은 사람을 만나야 한다. 사람 만나는 일이 쉬운 일인가? 숱한 좌절을 견뎌야 한다. 숱한 난관을 극복해야 한다. 이런 사람이 CEO의 적격자일 것이다. 이런 점을 고려한다면 판매에 대한 교육은 등한시될 수 없다. 판매의 중요성을 다시 인식하여 판매에 대한 실무적인 지식을 갖도록 할 때 그나마 기업들의 비난을 완화시킬 수 있다고 본다. 이런 노력이 기업들에게 대학에 대한 좋은 인식을 갖게 할 수도 있다고 본다.

강석후 교수(한양대)

기업 마케팅 전략

기업 마케팅 전략의 핵심인 기업의 사명, 전략적 사업 단위의 결정, 기업의 위상별 기업 마케팅 전략에 대해서 알아보기로 한다.

1. **기업의 사명:** 기업 전략을 수립하기 위해서는 가장 먼저 기업의 사명, 즉 "우리 회사는 무엇을 하는 회사인가?" 또는 "우리 회사는 어떤 사업을 지향해야 하는가?"라는 문제에 대한 명확한 정의가 필요하다. 다음과 같은 질문들에 기업은 스스로 답해야 한다: "우리 회사는 무엇을 하는 회사인가?", "우리 회사의 고객은 누구인가?", "고객이 바라는 것(가치)은 무엇인가?", "우리 회사의 사업은 무엇이어야 하는가?"

2. 전략적 사업단위의 결정: 기업의 사명이 결정되면 그 다음으로 해당 사업을 책임질 전략적 사업단위(SUB)를 결정하여야 한다. 전략적 사업 단위란 다음 세 가지 요건을 갖춘 사업 단위이다: ① 독립적으로 계획할 수 있는 단위 사업체 또는 관련사업체의 집합, ② 전략적 계획과 이익 성과를 책임지고 그것을 위하여 필요한 중요한 인적 · 재정적 자원을 동원할 수 있고 또한 책임질 수 있는 경영자가 있을 것, ③ 경쟁하고자 하는 대상 기업이 있을 것.

3. 기업의 위상별 기업 마케팅 전략

1) 시장 선도자 전략: 대부분의 경우, 한 시장에는 확고한 선도자가 있다. 이 선도자는 가장 큰 시장 점유율을 가지고 있어서 가격, 신제품 개발, 유통망 개발, 광고 판촉 활동 등 각종 마케팅 활동을 지배한다. 자동차 업계의 현대, 오토바이 업계의 대림산업, 라면 업계의 농심, 아기 기저귀 업계의 유한킴벌리 등은 이러한 시장 선도자에 해당된다. 이 전략의 예는 다음과 같다: ① 새로운 사용자 – 어떤 제품이든지 모두가 다 사용하는 것은 아니고 잠재사용자이면서도 사용하지 않고 있는 사람들이 있다, ② 새로운 용도 개발 – 제품의 용도를 새로이 개발하면 총수요가 증가한다, ③ 용량 증대 – 현재 사용자가 제품을 더 많이 사용토록 하는 전략이다.

2) 시장 도전자 전략: 시장 점유율면에서 기업은 ① 시장 선도자에게 도전하든지 혹은 ② 추종자로서의 위치를 그대로 유지하는 전략을 쓴다. 선도자와 가장 치열한 경쟁을 벌이는 기업은 일반적으로 ① 고정비가 많은 산업, ② 재고 유지비가 높은 산업 또는 수요가 감퇴하고 있는 산업의 경우에 특히 그러하다. 도전자는 먼저 경쟁 목표와 경쟁 상대를 정하고, 다음에 적절한 공격 방법을 계획하여야 한다. 공격 전략은 다음과 같이 다섯 가지가 있다: ① 정면 공격, ② 측면 공격, ③ 포위 공격, ④ 우회 공격, ⑤ 게릴라 공격

3) 시장 추종자 전략: 세품 혁신을 위해서는 많은 비용과 노력이 들고 그 대신에 시장 선도자의 지위를 확보할 수 있지만, 그 후에 이 성공적 제품을 모방하는 시장 추종자는 선도자는 못되어도 제품 개발비를 적게 들이고 오히려 수익성을 올릴 수 있다. 따라서 선도자가 대응하지 않을 수준에서 선도자의 제품을 모방하고 선도자의 전략을 뒤따라 가는 것이 시장 추종자의 전략이다. ① 근접 추종: 선도업자의 여러 가지 제품과 여러 가지 마케팅 믹스 전략을 비슷하게 모방하며 살아가는 전략이다. 그러나 가격과 품질면에서 선도업자와 차이가 나기 때문에 시장 점유율은 크지 못하고, 기생 형식으로 선도자와 추종 관계를 유지하는 전략이다. ② 원거리 추종: 선도자의 제품, 가격선, 유통 방식을 비슷하게 흉내내지만 위상을 훨씬 낮추어서 선도자 시장

이외의 남은 시장을 겨냥하는 전략이다. ③ 선택적 추종: 선도자의 제품이나 시장 또는 마케팅믹스의 특정 분야만 집중적으로 뒤따라 가는 전략이다.

4) 틈새 시장 전략: 대부분의 산업에는 그 산업을 주도하는 주도 회사와 직접 경쟁하지않고 이들이 취급하지 않는 틈새 시장에서 전문적인 활동을 하는 소규모 회사가 있다. 이들은 규모는 작지만 자기의 장점에 맞는 특수 전문분야에 치중함으로써 수익을 올릴 수 있다. 이러한 틈새전략은 소규모 회사만이 아니고 대규모 회사의 특정 사업 단위(SUB)에서도 채택할 수 있다. 틈새 전략의 예는 다음과 같다: ① 고객 전문, ② 수직 전문, ③ 고객 규모 전문, ④ 특정 고객 전문, ⑤ 지역 전문, ⑥ 제품 전문, ⑦ 주문생산 전문, ⑧ 품질/가격 전문, ⑨ 서비스 전문, ⑩ 유통 경로 전문

정영숙 교수(부산여대)

문화와 글로벌 마케팅

우리나라 기업들의 사명과 브랜드를 보면 상당수 영어로 바뀌고 있다. 해외 시장의 소비자와 거래 파트너에게 친숙하게 보이고 보다 쉽게 통용될 수 있기 때문일 것이다. 뿐만 아니라 국내 소비자에게는 세련된 느낌을 줄 수 있다.

'현대정공'보다는 '현대모비스'라는 명칭이 여러모로 현대적이다. 우선, 사명이 국내나 해외에서 동일한 명칭으로 표시된다. 즉, 국내에서는 소리나는 대로 쓰고, 영어권에서는 의미로 번역한 사명을 사용해야 하는 이중 노력이 필요하지 않다. 무엇을 하는 회사인지에 대한 정보 전달도 빠르다. '럭키금성'보다는 'LG'가 읽고 듣고 쓰기에 훨씬 편하며 현대적인 느낌을 준다. 레이크사이드, 레이크힐스, 렉스필드, 마이다스밸리, 비전힐스 등은 서울과 경기지역의 골프장 명칭이다. 이름만으로는 우리나라

골프장인지 미국이나 뉴질랜드의 골프장인지 분간이 어려울 정도이다.

우리나라 기업들의 사명과 브랜드가 국제화된 만큼 국제 시장에서 마케팅 활동도 국제 감각을 잘 살리고 있을까? 외국에서 외국인이 보기에 '한국산'이라는 것이 두드러지지 않고 그 나라 브랜드처럼 자연스럽게 보이고 있을까? 이런 수준에 도달한 브랜드나 제품은 소수인 것으로 보인다. 종국적으로 이런 수준에 도달해야만 현지 시장에서 높은 경쟁력을 가지는 것이다. 물론, 일부 동남아 국가에서처럼 한국제가 고급품으로 인식되어 한국산임이 부각되어야 하는 상황이라면 이야기는 달라진다.

우리나라 기업과 제품의 외형이 국제화되는 만큼 내용이 국제화되기 위해서는 외국 문화의 이해가 필수적이다. 물론, 현지의 유통 업체와 다국적 광고 회사를 이용할 수 있고, 현지 인력을 채용할 수 있다. 그러나, 시장 선정과 포지셔닝 및 마케팅믹스 설계 그리고 마케팅믹스의 표준화와 현지화 등 핵심 마케팅 전략의 수립 및 실행은 기업 자신의 몫이다. 외부 전문기관의 도움을 부분적으로 받을 수 있지만, 결국 기업 자신이 그 문화를 이해해야만 제대로 된 의사 결정을 할 수 있을 것이다.

글로벌 시장을 원하는 기업이라면 이제 문화 공부를 본격적으로 해야 한다. 직원 개개인이 해외 시장에서 많은 경험을 쌓도록 해야 하고, 이 경험을 관련 부서와 관련 인력이 공유할 수 있도록 하는 시스템도 만들어야 한다. 역시 한 나라의 시장과 마케팅을 이해하는 데는 직접 경험이 최고이다.

우리 사회에서는 신의가 중요해서 거래 상대방이 던지는 말 한 마디가 모든 것을 대변할 수 있다. 공식 서류를 작성하고 서명하지 않아도 믿을 수 있는 경우가 있다. 그 사람의 친구를 보면 그 사람을 판단할 수 있고, 어렵던 일이 고교 동창생을 통하면 풀릴 수도 있다. 공식 설명회도 중요하지만 마음을 터놓고 어울릴 수 있는 회식과 골프가 그 못지 않게 중요할 수 있다. 우리나라 뿐 아니라 아마도 유교 문화권 국가에서는 웬만큼 통용될 방식이다.

그러나, 지구상에는 이런 방식이 전혀 통하지 않는 국가들도 많이 있다. 공식 설명회와 공식 서류 작성이 반드시 필요하고, 사적 채널을 통한 접근이 도움을 주기는 커녕 오히려 방해가 될 수도 있다. 얼굴을 마주 보고 하는 말은 단지 그 자리 분위기를 해치지 않기 위해서 하는 것에 불과할 수 있나. 우리 고유의 방식을 고집하면 상대방을 곤혹스럽게 만들고 실패로 귀결될 수 밖에 없을 것이다.

로마에 가서 로마법을 따르기 위해서는 우선 로마법을 공부해서 이해해야 한다. 필자가 본 미국 사람들의 일상 생활양식 중 몇 가지를 말해보고자 한다. 이들은 편한 것을 대단히 좋아한다. 그래서 패스트푸드 프랜차이즈가 일찍이 성장했을 것이다. 맥도널드에는 차에서 내리지 않고 주문할 수 있는 “Drive Through”가 꼭 있다. 그냥 통째로 마이크로웨이브에 데워 먹는 음식도 매우 다양하다. 모텔에서는 바로 내 방 앞에 차를 주차할 수 있도록 되어 있다. 이렇게 편한 것을 좋아하는 나라에서 대학생들이 시험을 볼 때는 샤프펜이나 볼펜을 쓰지 않고 연필을 쓴다. 연필을 한 주먹씩 가지고 다닌다. 왜 그럴까?

이들은 정찰제를 좋아한다. 우리나라에서도 백화점과 할인점, 슈퍼마켓, 편의점 등 미국에서 전파된 소위 현대적 유통업체에서는 모든 물건에 정찰 가격이 있다. 그런데, 그런 미국의 자동차 딜러에서는 차를 정찰 가격에 팔지 않는다. 내가 얼마나 정보를 알고 난 다음에 가는가 그리고 얼마나 끈질지게 또는 재치있게 흥정하는가에 따라 최종 가격이 제각각이다. 아마도 몇 백 불 더 내거나 덜 내기가 다반사로 있을 것이다. 왜 그럴까?

미국 소비재 기업들은 대개 광고와 판촉에 많이 의존한다. 대중매체 광고를 대량으로 내보내고 틈틈이 가격 할인과 쿠폰을 쓴다. 그런데, 세계 여러 나라에서 높은 성장세를 보이고 있는 스타벅스는 광고를 거의 하지 않는다. 왜 그럴까? 평소 그렇게 짠돌이인 미국인들이 왜 이렇게 비싼 커피를 사 마실까?

글로벌 시장에 관심이 있는 기업은 문화에 기초한 이슈와 그에 대응하는 마케팅 방식을 잘 알아야 한다. 세계 여러 시장국과 지역 시장에 대하여 다양한 질문을 던지고 답할 수 있는 직원이 많을수록 그 기업의 글로벌 마케팅은 빛을 발할 수 있을 것이다.

문준연 교수(한양대)

마케팅은 결국 관계 관리

세상 모든 일이 비즈니스와 가족으로 구성되어 있다고 생각하는 유태인 집안의 장남인 '마이크'가 지난해 여름에 혼자서 우리 집을 방문하였다. '마이크'는 필자와는 어릴 때부터 매우 절친한 친구이다. 그래서 필자가 '마이크'의 개인 관광 가이드가 되어 전국을 여행시켜 주었다.

명동 거리에서 사람들이 핸드폰을 받으며 걸어가고, 전철역에서도 핸드폰으로 게임을 하며 전철을 기다리는 것을 보며 '마이크'는 "한국 사람들에게 물건을 팔려면 핸드폰이 최고의 수단이군!" 하며 몇 번이나 감탄했다.

모든 생각이 사업과 관련짓는 유태인인 '마이크'는 다음과 같은 결론을 내게 남겼다: 한국에서는 핸드폰이 유통 산업에 종사하는 영업사원들을 대체할 것이다.

한국은 '마이크'가 느낀 것처럼 소위 모바일카머스(Mobile Commerce)시대를 맞고 있는 것이다. 전체 인구의 70퍼센트 이상이 핸드폰을 소유하고 있는 모바일 강국이 된 것이다. 이제는 소비자에게 시간과 공간에 구애받지 않고 정보를 교환할 수 있는 모바일시대(Mobile Age)가 도래한 것이다. 사무실에서 사용하는 모든 기기들, 예를 들자면 컴퓨터, 전화, 팩스, TV, 라디오, 카메라, 비디오 등이 모두 하나의 기계로 통합되고 있으며, 이러한 기기를 언제나 휴대할 수 있는 시대가 열리게 되었다.

이러한 모바일 기술들은 자연스럽게 마케팅 분야의 새로운 지평을 열고 있다. 현재는 기껏해야 '외로운 밤 당신의 전화를 기다린다.'는 식의 SMS(Short Message Service)나 '당신께만 드리고 싶은 나의 모든 것이 담긴 사진이 도착했습니다.' 식의 사진 파일 전송을 이용한 2류급 판촉 활동이 주류를 이루고 있다. 하지만 현재의 모바일 기술 수준으로도 모바일 마케팅을 이용한 것보다 혁신적인 마케팅 활동이 가능한 것이 현실이다.

모바일 마케팅은 다양한 모바일 기술들을 통합하여 보다 소비자들의 다양한 욕구를 충족시켜줌으로써 기업의 이윤을 창출하는 것을 의미한다. 모바일 마케팅에 응용할 수 있는 기술은 대강 다음과 같다:

첫째, 가장 흔히 사용되고 있는 기술이 GPS(Global Position System) 이다. 고객의 핸드폰 위치를 추적할 수 있는 기술이다. TV에서 핸드폰회사들이 GPS서비스를 이용하여 길을 찾아가는 것을 광고하고 있다. 하지만 이것은 극히 초보적인 기술 응용에 불과하다. 유통업자들은 GPS를 사용하여 고객들의 동선 파악과 고객들이 주로 위치한 시장의 지역적인 특성을 파악하여 마케팅 활동에 응용할 수 있다.

둘째, 위에서 언급한 GPS와 연결하여 사용되는 LBS (Location Based System) 기술이 응용될 수 있다. LBS 기술을 이용하면 고객의 현재 위치에서 가장 가까운 회사 대리점이나 협력점들을 소개할 수 있다. 고객이 핸드폰만 켜면 자신이 필요한 제품이나 서비스를 가장 편하게 구입 할 수 있는 곳을 파악할 수 있게 되는 것이다.

셋째, 기존에 고객과의 관계를 관리하기위하여 고안된 CRM (Customer Relationship Management) 기술이 그대로 모바일 마케팅에 적용될 수 있다. 회사의 모바일 사이트를 방문한 고객들이 어떤 곳을 둘러보았는가에 대한 자료들 소위 데이터웨어하우징 (Data Warehousing: 자료를 정리하여 창고에 쌓아둔다는 의미) 기술을 통해서 축적한 후에 데이터 마이닝(Data Mining: 자료를 캐낸다는 의미)기술을 이용하여 고객의 소비 행동을 분석하여 고객과의 견고한 관계를 구축하는 기술을 의미한다. 고객의 평생 가치가 강조되는 현대적인 마케팅 개념에 필수적인 기술이라 하겠다.

하지만 모바일 마케팅의 미래가 밝은 만큼 프라이버시 침해 등의 문제점도 수반되고 있음을 명심해야한다.

김경훈 교수(창원대)

관계 마케팅과 관계 혜택

최근 기업 간의 경쟁이 치열해짐에 따라 많은 기업들은 강력한 고객관계 구축을 기업의 경쟁 우위 수단으로 활용하고 있다. 따라서 고객 관계 관리가 기업의 주요 관심사가 되고 있으며, 이를 위한 체계적인 관리 기법이 연구되고 있다. 특히 서비스 조직에서 고객 관계 관리는 서비스 조직에 의해서 제공되는 서비스 품질이 고객과의 인카운터 시점에서 종업원에 의하여 생산, 제공되어 주관적으로 측정 및 평가되기가 어렵기 때문에 더욱 중요하다.

고객 관리는 기업에게 이익을 가져다주기 때문에 경쟁이 치열한 환경하에서 매우 중요한 고객 보유와 수익 획득의 수단으로 인식되고 있으며, 기업 생존의 지침으로까지 언급되고 있다. 일반적으로 신규 고객을 확보하는 비용은 관계 마케팅 전략을 통해서 현재 고객을 유지하는 비용보다 5배 이상이 드는 것으로 나타나고 있다. Reichheld and Sasser에 따르면, 기업은 자신의 고객 중 5퍼센트 이상을 유지함으로써 거의 100퍼센트의 이익을 증대시킬 수 있다고 한다. 이것은 기업이 관계 마케팅을 통하여 고객을 이해함으로써 더 나은 경제적 결과를 달성할 수 있으며, 만족스러운 관계의 지속을 통하여 고객과 기업이 거래 비용과 품질 비용을 감소시킬 수 있다는 것을 의미한다.

관계 마케팅은 기업에게 뿐만 아니라 고객에게도 많은 혜택을 준다(〈표 1 참조〉). 예를 들면, 고객은 기업과의 밀접한 관계로 인하여 편안함과 같은 심리적 혜택을 받을 수 있다. 그리고 고객은 친밀성, 개인적 인지, 우정과 같은 사회적 혜택도 받을 수 있다. 또한 고객들은 장기적 관계로 인하여 할인과 같은 경제적 혜택도 받을 수 있다. 마지막으로 고객들은 서비스 제공자들이 고객들의 구체적 요구에 부응하도록 함으로써 고객화 혜택을 받을 수 있다.

기업이 고객에게 제공하는 이러한 혜택들은 고객 충성도를 구축하는데 결정적인 역할을 하는 것으로 나타나고 있다. 따라서 많은 기업들은 고객들이 관계 교환에 언제, 어떻게, 왜 참여하는가에 대하여 관심을 가져야 한다. 이러한 이유는 충성 고객이 기업의 이익을 증대시킬 수 있으며, 이익과 매출액을 예측 가능하게 하며, 추가적으로 재화와 서비스를 구매할 가능성이 높기 때문이다. 그리고 충성 고객은 전환율이 낮으며, 구전 커뮤니케이션을 통하여 새로운 사업 기회를 제공하기도 한다. 또한 만족한 충성 고객은 서비스하는 데 비용이 적게 들며, 판매, 마케팅과 초기비용이 장기적인 고객으로 있는 동안에 상환되기 때문에 비용이 감소된다.

이상과 같이 기업과 고객 간의 장기적 관계는 기업과 고객 모두에게 이익을 주므로 마케터는 고객이 중요시하는 관계 혜택이 무엇인가를 확인하고, 충족시켜주도록 해야 한다. 특히, 고객이 중요시하는 관계 혜택 변수를 이용하여 시장 세분화가 가능하다는 점에서 이에 대한 연구가 매력적이라고 생각된다.

〈표 1〉 관계 혜택의 유형과 내용

관계 혜택의 유형	관계 혜택의 내용
사회적 혜택	친목, 우정, 개인적 인지
심리적 혜택	불안감 감소, 신뢰/확신
경제적 혜택	할인/가격 파괴, 시간 절약
고객화 혜택	우선적 대우, 부가적 서비스 또는 고려, 고객 욕구파악과 관리

이용기 교수(세종대)

도망간 노예와 베네통

여사상 나타난 가장 오래된 광고는 기원전 12, 3세기의 도시국가 테베(Thebae)의 유적에서 발견된 「도망간 노예를 찾습니다」라는 광고라는 데에 의견이 모아지고 있다.

『노예가 도망 갔으므로 잡아주시기 바랍니다. 이 노예는 힛다이트인으로 이름은 샘이며, 신장은 5피트 2인치. 붉은색 얼굴에 갈색 눈을 하고 있습니다. 그가 있는 곳을 알려 주시는 분에게는 사례로 금화 반 개를 드리겠으며, 그를 찾아 데리고 오시는 분에는 금화 한 개를 드리겠습니다. – 시민 여러분의 주문에 보답하기 위하여 항상 최상의 실로 직물을 짜는 기술자 하프로부터 – 』

루치아노 베네통은 10세 때 아버지를 여의고 가족을 돌보기 위해 학교를 떠나, 15세 때 베니스 북쪽 30km 떨어진 트레비소 근교의 조그마한 직물 공장에서 일했고, 그의 여동생인 귈리아나는 스웨터 공장에 다녔다. 귈리아나는 뜨개질에 천부적인 재질을 보여 주었는데, 당시로서는 매우 대담한 색깔 있는 스웨터를 만들어 때때로 주위 사람들을 놀라게 했다.

루치아노가 20세, 귈리아나가 17세 때 그들은 중고 자전거와 아코디언을 판 돈으로 중고 직조기를 한 대 사서, 그 기계로 색깔 있는 스웨터를 짜 도매점에 넘겼는데, 이것이 오늘날 이탈리아 간판 기업인 베네통의 시작이었다.

위의 두 이야기 중 앞 부분은 "하프" 라는 직물기술자가 도망간 노예 "샘"을 찾으려는 공고인데 17, 8세기의 초기 신문에 나오는 사람을 찾는 광고문안에 비해서 손색이 없음을 알 수 있다.

뒷 부분은 "유나이티드 컬러스 오브 베네통(United Colors of Benetton)" 이라는 이탈리아의 구석구석은 물론이고 파리 · 런던 · 부타페스트 · 모스크바, 그리고 서울에서까지 전 세계 약 6,500개의 매장을 가지고 있는 세계 최대의 양모 구매자인 베네통은 1955년 루치아노 베네통 자신의 아코디언과 그의 동생 카를로의 자전거를 팔아 만든 3만 리라(한화 약 2만원)로 시작된 이야기다.

두 이야기는 광고 마케팅의 연혁과 베네통의 창업 마케팅의 효시로 이해할 수 있다.

마케팅은 사람에 따라 다양한 견해가 있다. 「교환과정을 통하여 욕구와 필요를 충족시키려는 인간의 활동」, 「잠재적인 교환을 실현시키기 위하여 시장에 작용하는 일」, 「가치창조의 과정 내지 생활수준의 향상 과정」 등 실로 다양하다고 생각한다.

이는 마케팅의 발전과 더불어 다기화된 경영이론이 속속 등장하기 때문이며 특히 현대 경영학에 있어서는 불확실한 경영환경 속에서 모든 상황에 항상 적용가능하거나 또는 동일한 효과를 창출하지 않는다는 전제 하에 경영자는 각각의 상황조건에 가장 잘 어울리는 적합한 대응책을 선택하는 것이 최선이라는 소위 상황적합률(Contingency theory)까지 등장하였다.

따라서 마케팅은 소년 가장(家長) 구치아노가 즐겨 연주했던 아코디언과 그의 동생이 즐겨타던 자전거를 판 3만 리라를 들고 어떤 집의 농속에 넣어 수천억 원으로 둔갑시키는 일종의 마술과도 같은 것이라고나 할까?

박창식 교수(고신대)

대한민국 농업을 살리는 신뢰마케팅

『다빈치 코드』의 작가로, 미국 언론으로부터 「소설계의 빅뱅」이라고 평가받은 댄 브라운의 또 다른 작품인 「천사와 악마」에는 비밀스런 프로젝트로 만들어진 반물질을 보호하기 위해 홍체를 인식하는 잠금장치를 설치한 과학자와, 그 반물질을 빼앗아가기 위해 과학자를 살해하고 그의 눈을 뽑아가는 좀 엽기적인 상황이 등장한다.

개별 데이터의 인식-수집-가공을 통한 정보생산을 목적으로 자동인식시스템(Auto ID)이 개발되고 진화되어 왔다. Auto ID는 바코드, 광학문자인식장치(OCR), 스마트카드, 생물학적 인식장치(지문, 음성, 홍체 인식 등), 그리고 최근에 보편화되고 있는 RFID(Radio Frequency Identification) 등 목적과 편의에 따라 다양한 발전이 이루어져 왔다.

애초에는 바코드와 POS(Point of Sales) 시스템을 통한 데이터 수집과 정보생산을 주목적으로 하던 Auto ID가 최근에는 스마트카드와 RFID 등을 통해 상품이력 저장, 유통정보 추적 등에 유용하게 쓰이고 있다. 이러한 변화는 생산자와 소비자, 또는 공급체인(Supply Chain) 구성원 간의 정보 불균형(Asymmetry of Information)을 해소할 필요에서 시작되었다.

설을 목전에 두고, 맹독성 농약성분이 함유된 중국산 홍삼을 국산 홍삼으로 둔갑시켜 판매한 경동시장 상인들이 구속되었다는 기사가 일간지를 장식하고 있었다.

낯선 일은 아니다. 수입농산물이 국산으로 둔갑하고, 중국산 생선이 납을 품고 들어온 것도 경험해 보았다. 광우병 얘기가 나오면 쇠고기를 멀리하고, 조류독감이 문제가 되면 아예 닭고기를 끊고 살곤 했었다. 그 뿐이랴. 유명 백화점에서 판매한 명품 브랜드가 가짜로 판명되고 가짜 양주도 돌아다닌다. 유기농산물로 만들었다던 건강식품엔 유기농산물이 들지 않았고, 건강식품은 그 성분이 표시한 만큼 들지 않았단다. 소비자들은 무얼 믿고 먹고, 무얼 믿고 사야할지 난감해 한다.

소비자가 상품에 대한 확신이 없는 경우, 파는 이는 사실을 알겠지만 나는 모른다고 생각하는 경우엔 역선택(Adverse Selection)을 할 수 있다. 예를 들면, 한우 쇠고기를 사려는 소비자가 한우에 대한 확신이 없으면(또는 상품정보에 대한 신뢰가 없으면), 어차피 속을 것 차라리 수입쇠고기를 사게 된다는 것이다.

유통과정에서 자꾸 외국 농산물을 국산으로 둔갑시키고, 저급 농산물을 고급 농산물로 둔갑시키다보면 소비자들은 차라리 역선택을 하게 된다. 그리고 그것은 결국 한국농업의 몰락으로 몰아가게 될 것이다.

우리나라의 식량자급률은 후하게 잡아도 30%도 안 된다. 시장에 나온 농산물 가운데 우리 농산물이 이렇게 적으니 우리 농산물이라는 사실만 확인시켜줘도 경쟁력이 있을 텐데, 얄팍한 상혼이 애꿎은 한국농업, 한국농민을 다 죽게 하니 어찌해야할까.

아메리칸 대학교의 석좌교수인 Jagdish N. Sheth가 말하길 "내가 소비자의 행동에 대해 알아낸 것 중 확실한 것은 오직 두 가지 뿐이다. 첫째, 제품을 필요로 하는 소비자가 반드시 제품을 구매하는 것은 아니다. 둘째, 제품을 꼭 필요로 하지 않는 소비자도 제품을 구매하곤 한다는 것이다."라고 했다.

이 말을 대가(大家)의 겸손함 정도로 생각하기엔 석연치가 않다.

마케팅 교과서의 첫 장(章)을 장식하는 것은 늘 '고객으로부터의 출발'이다. Sheth의 말을 되씹어보면, 소비자가 추구하는 감성적 가치를 인식하지 못하면 마케팅은 실패한다는 의미가 된다. 그렇다면 2005년 봄, 우리의 고객들이 원하는 것은 무엇일까.

필자의 「마케팅 사례」 스크랩을 열어 훑어보니 「휴(休) 마케팅」, 「여성화 마케팅」, 「감성 마케팅」, 「카지노식 마케팅」, 「북적북적 마케팅」, 「필(Feel) 마케팅」, 「족집게 마케팅」, 「마라톤 마케팅」 등 별별 마케팅이 다 있다. 그래서 하나 제안하고자 한다.

2005년 봄, 우리는 「신뢰마케팅」이 필요한 때가 되었다.

신뢰마케팅은 상품이 공급체인을 관통하여 소비자에게 도달하는 전 과정의 정보를 소비자가 알 수 있게 함으로써 가능해질 수 있다. 그런데, 그것이 시장 참가자의 양심에 기대어 순진하게 이루어지지는 않을 것이다. 따라서 우리는 기술에 의존해야 하겠다.

Auto ID는 시장정보의 효율적, 효과적 수집-생산-유통을 통해 정보의 불균형을 해소시킬 수 있는 수단이 된다. 우리 농산물의 가치를 지키고 또, 수입농산물의 유통과정을 추적하기 위해서 농산물에 대한 Auto ID의 도입이 시급하게 되었다는 말이다.

가장 저렴한 Auto ID로 바코드를 생각할 수 있다. 그런데, 바코드는 담을 수 있는 정보량의 한계와 위 · 변조 가능성을 가지게 된다. 따라서 차제에 농산물에 대한 RFID 활용을 권하고 싶다. RFID는 정보저장의 가능성과 위 · 변조 방지 등을 통해 상품이력을 최초 생산자-가공자-소비자에 이르는 유통경로 전과정의 정보추적을 가능하게 하여 신뢰를 높이게 된다. 이를 통해 생산자와 판매자, 그리고 소비자 사이의 정보 불균형이 해소되고,

나아가서 역선택에 의한 소비의 왜곡을 피할 수 있을 것이다.

물론, RFID는 월마트에서도 막 채택한 선진기술인 것이다. 그래서 많은 어려움이 따르겠지만 쌀시장 개방, 수입농산물의 홍수 등으로 어려움에 처한 우리 농업을 살리고, 소비자들에게는 안전한 먹을거리를 제공하면서, 동시에 시장에서의 왜곡을 방지하기 위해서는 시급히 도입할 가치가 있는 일이라 여겨진다.

최재섭 교수(남서울대)

03

새로운 마케팅 테크닉!

경험마케팅의 시대 / 유비쿼터스와 상황적 마케팅 / 세대 마케팅의 필요성 / 실버마케팅에 대한 관심을 / 마케팅은 결국 관계관리 / 클러스터와 기술마케팅 시대의 도래

경험마케팅의 시대

마케팅(marketing)은 시장(market)에서 현재 행해지는(~ing) 모든 것을 의미한다. 어원이 이렇다 보니 마케팅과 관련한 신조어가 난무하는 것은 당연하다. 그러나 마케팅과 관련한 주체어는 예나 지금이나 시장과 거래대상이다. 시장에서 교환행위가 이루어지기 위해서는 대상물이 있어야 한다. 시장은 과거 장소(place)개념에서 공간(space)개념으로 확대되고 있듯이 거래대상도 변화되고 있다.

산업혁명 이전의 거래대상은 주로 자연 그대로의 수확물인 광산물, 농산물, 해산물 등으로 이를 커머디티(commodity)라고 하며, 현재 선물시장에서 거래되는 곡물, 원유 등이 여기에 해당된다. 산업혁명 이후에는 공장에서 원재료인 커머디티에 가공을 한 상품(product)이 등장하게 되었으며, 이 단계에서는 가격과 기능, 즉 효능이 주요 경쟁 포인트이다.

그런데 산업혁명의 결과 상품의 생산이 확대되고 점차적으로 경쟁이 치열해지면서 세 번째 단계의 거래 대상인 서비스(service)가 중요 가치로 떠올랐다. 이때 서비스 자체가 기업의 거래 대상이 되기도 하지만, 제품의 부가된 서비스가 제품 자체의 가치를 높여주기도 한다. 마지막 단계의 거래 대상이 바로 경험(experience), 체험이다. 경험 또는 체험을 산다는 말이 이상하게 들릴지도 모르지만, 이미 세상은 체험을 파는 시대로 바뀌고 있다.

이렇듯 거래의 대상은 커머더티, 상품, 서비스, 경험으로 확대되고 있다. 따라서 소비자들이 추구하는 제품 또한 효능충족제품, 긍지추구제품, 경험제품으로 다양화되고 있다. 효능충족제품이란 제품의 기능성(function)이 중요시되는 경우이고, 긍지추구제품은 제품을 소유한 사람의 과시성(face)을 충족시키는 제품이며, 경험제품은 제품의 유희성(fun)을 강조하는 제품이다.

자동차 구매를 예로 들어 보자. 출퇴근을 위해 자가용을 이용하고 싶다는 욕구를 충족시키기 위해 소형차를 구매한다면 이 제품은 소비자의 실용적 효능 즉, 출퇴근용 차량이라는 욕구를 충족시켜주는 것이다.

그런데 어떤 사람은 소형차 몇 배의 가격을 주고서도 외제차를 산다. 출퇴근이라는 효용만을 생각한다면 몇 배에 해당하는 돈을 주고서 이 차를 구매할 필요는 없을 것이다. 자기의 지위를 과시하거나, 사회계층을 의식하거나, 자아를 확인하기 위한 욕구를 충족시키고자 구매할 것이다. 이것이 바로 긍지추구 제품의 경우이다.

또 다른 어떤 사람들은 감각적 즐거움을 추구하기 위해 스포츠카를 산다. 스포츠카를 사서 기사에게 운전을 시키고 자신은 옆 좌석에 앉는 사람은 없을 것이다. 스포츠카는 감각을 자극하기 위해 직접 몰고 다니는 그 맛에 타는 것이다. 즉, 실제 경험하고 느끼며 자기 자신이 즐기고 싶은 욕구를 충족하기 위해 구매하는 것이다. 이것이 바로 제품을 통해 느끼는 자신의 경험과 재미를 추구하는 경험제품인 것이다.

오늘날의 고객들은 상품을 소비하는 데 그치지 않고 상품의 서비스를 즐기고자 하며, 상품과 서비스에 얽힌 추억을 남기고자 한다.

그렇다면 지금 기업이 만드는 제품이 고객에게 팔리기 위해서는 마케터는 무엇을 해야 할 것인가? 그 대답은 상품과 서비스에 체험이 포함된 제품컨셉 개발일 것이다.

박영근 교수(창원대)

유비쿼터스와 상황적 마케팅

오늘날 우리 마케팅을 근본적으로 변화시키는 힘이 과연 무엇인가라는 질문에 아마도 많은 마케팅 관련 종사자들은 인터넷으로 대표되는 디지털이라고 답할 것이다. 다른 분야에서는 줄기세포와 같은 DNA기술이나, 요즘 기업에서 화두가 되고 있는 디자인도 중요한 키워드이기는 하지만, 비즈니스 관점에서의 근본적 변화의 원천은 역시 디지털과 인터넷인 것이다. 디지털정보기술의 발전은 인터넷을 가능하게 하여 인터넷마케팅이라는 새로운 방식의 상거래를 탄생시켰다. 그런데 이제는 인터넷마케팅이 새로운 유비쿼터스 환경에서 확장된 개념으로 다양한 디지털기술 간의 융합을 바탕으로 한 상황적 마케팅을 탄생시키고 있는 것이다. 마케팅적 관점에서의 유비쿼터스란 '언제 어디서나 고객인 내가 필요한 정보가 존재한다'로 정의할 수 있다. 고객이 필요한 정보가 고객을 따라다니는 시대가 바로 유비쿼터스시대인 것이다. 고객이 정보를 찾아다니는 것이 아니라 정보가 고객을 따라 다닌다는 것은 고객을 찾아나서는 기업의 입장에서는 대단히 유리한 변화라고 할 수 있다. 유비쿼터스 시대의 온라인과 오프라인의 경계를 자유롭게 넘나드는 하이브리드(Hybrid)고객들은 판매자의 목표마케팅이 궁극적으로 지향하는 일대일마케팅의 좋은 대상이 된다. 오늘날의 하이브리드고객들은 첨단 디지털 장비로 무장하고 어떤 곳에서나 필요한 정보와 서비스를 찾을 수 있을 디지털유목민이라 불리는 디지털모바일 소비자들이다. 이러한 관점에서 상황적 마케팅이란 무선인터넷, 노트북, 휴대전화, PDA, DMB, 텔레메틱스 등 유비쿼터스 네트워크기기를 활용하여 고객행동을 추적 및 감지하여 고객상황을 파악하고 고객관련정보의 종합적 분석을 통해 가장 적합한 제품을 적기에 고객에게 제시함으로써 제품 판매를 촉진하는 개념이라고 할 수 있다. 예를들어 어느 고객이 집 근처 지하철 역 등을 지날 때 휴대 단말기를 통해서 주변지역의 유명 식당정보나 레스토랑 이용쿠폰 등을 제공한다거나, 쇼핑 중인 고객이 특정 제품 진열대를 지날 때 관련 정보나 할인쿠폰을 발송하는 방식 등으로 고객의 상황에 따라 그에 적합한 상품과 서비스 관련 프로모션과 정보를 제공해주는 개념인 것이다. 고객의 입장에서는 정보탐색의 비용과 노력이 절감될 뿐만 아니라 다양한 정보를 적기에 공급받음으로써 신속 정확한 구매의사결정을 할 수 있게 되고, 기업의 입장에서는 고객이 필요로 하는 맞춤형 정보를 적기에 제공함으로써 기존의 방식보다 훨씬 효율적이고 정확하게 목표고객에 도달할 수 있게 된 것이다. 물론 성공적인 상황적 마케팅의 도입을 위해서는 여러 차원에서 선결해야 할 문제들이 많이 있겠지만, 디지털화는 기술의 융합을 가속화시켜 유비쿼터스를 가능하게 하였고 유비쿼터스는 상황적 마케팅이라는 한 차원 더 발전된 마케팅시대를 개척하고 있다고 하겠다.

송인암 교수(대전대)

세대 마케팅의 필요성

현재 좋아하고 있는 가수 이름을 떠올려 보라는 질문을 이용하여 답변자의 나이를 대충 짐작할 수 있다. 현철, 송대관, 태진아를 답한다면 50대 이상일 가능성이 높고 신승훈, 김건모를 언급한다면 30대일 것이다. 10대와 20대도 좋아하는 가수나 연예인이 달라서 서로 갈등의 대상이 되기도 한다. 10대들이 좋아하는 동방신기는 20대 중반 이후 세대에서는 그다지 인기가 높은 편이 아니며, 10대들이 열광하던 HOT의 문희준씨는 일부 20-30대들에 의하여 패러디 대상이 되어 곤혹을 치르기도 하였다.

이 같은 현상은 가수나 연예인 선호도에 한정되지 않고 제품에 대한 소비 취향이나 선호도에서도 자주 나타난다. 예를 들어 휴대폰을 구매하고 사용하는 방식에서도 세대간 차이가 크다. 소비자보호원에서 작년에 중 · 고 · 대학생을 대상으로 수행한 설문조사에 의하면 휴대폰 교체 주기는 약 1년 4개월에 불과하였고 구입가격 40만원 이상이 47.7%나 되었다. 학생을 제외한 일반인 소비자들이 1년 6개월 이내에 교체한 비율이 겨우 28.2%이고 평균 구입 가격이 훨씬 떨어지는 점과 크게 대조를 이룬다.

다른 사람들의 소비행동은 우리들의 소비생활에 상당한 영향력을 행사한다. 자신이 비슷하다고 생각하는 사람, 그 중에서도 특히 잘 알고 있는 사람들의 구매 및 소비행동은 가장 중요한 영향 요인 중 하나이다. 새내기 직장인이 자신과 경제적 여건이 비슷하고 절친한 친구가 중형급 신차를 구입한 사실을 알았다고 하자. 이 사실은 기업의 어떤 마케팅 활동도 넘볼 수 없는 지대한 영향력을 나타낼 것이다. 당사자도 몇 달 이내에 신차를 구매할 것이다. 동일한 브랜드일 가능성도 있으며 배기량이 동급인 것일 가능성은 상당히 높을 것이다.

특정 세대가 소비활동을 공유하는 현상은 최근 들어 갑자기 나타난 현상이 아니다. 70년대 TV 보급, 1980-90년대의 아파트 선호 현상, 90년대의 승용차 및 휴대폰 구입 행동 등도 동일한 세대에 속한 소비자들이 끼리끼리 영향을 미치고 모방하여 나타난 현상으로 이해할 수 있다. 휴대폰 보급 초기에는 중년층을 중심으로 확산되다가, 이동통신사가 공짜 휴대폰을 제공하면서 젊은 세대로 빠르게 확산되었다. 오히려 지금은 이들이 휴대폰 단말기와 이동통신서비스 시장에서 핵심 소비 세대로 떠오르게 되었다. 현재에는 유행에 무관한 듯 보이는 노년층들도 70년대에는 친구나 주변에 잘 알고 있는 사람이 구입한 TV, 혹은 다른 제품을 보고 따라 구입한 경험을 가지고 있을 것이다.

최근에 문화마케팅이 자주 주목을 받고 있는데 이를 각 세대의 관점에서 바라보고 분석할 수 있다. 마케팅 담당자는 자신이 취급하고 있는 제품이 세대를 초월하여 모두가 공감할 수 있는 문화에 의존할 것인지 아니면 특정 세대만 가지고 있는 소문화적인 특징에 호소할 것인지를 판단해야 한다.

그럼 프라이드의 재출시에 대하여 생각해 보기로 하자. 새로운 프라이드가 문화적 코드를 이용하여 호소력이 있으려면 이전 고객의 세대에 매력적인 것이거나 아니면 새로 설정한 목표 고객에게 적합한 것이어야 하는데 실제로는 이와 같은 요건을 갖추고 있지 못한 것 같다. 과거 고객들은 프라이드에 대한 향수는 있지만 배기량이 높은 승용차에 더 많은 관심을 가지고 있을 것이며, 젊은 세대들의 문화적 코드에 프라이드가 주는 느낌이 적합한 지도 의문이 든다. 애칭인 딱정벌레차로 지속적인 인기를 누리던 비틀 승용차가 뉴비틀로 재탄생할 때에는 과거 구매고객 세대는 아니지만 젊은 세대의 전폭적인 지지를 얻었다. 프라이드의 이미지는 뉴비틀과는 사뭇 다르다는 생각이 든다. 과거 고객들을 다시 불러 모으거나 아니면 젊은 세대에게 큰 매력을 얻기 어렵다면 감성적 접근 방법보다는 성능을 강조하는 기능적 접근 방법이 적합할 것 같다.

한편, 특정 세대를 대상으로 삼지 않고 여러 세대에 무난하게 골고루 호소하는 방법을 사용하기도 한다. 쏘나타는 중형차의 위상이 강한 편으로 세대를 넘어서는 이미지를 가지고 있으며 빙그레 바나나 맛 우유는 다양한 세대에 어필하고 있다. 중형차 혹은 과일 맛 우유하면 소비자가 속한 세대와 상관없이 가장 먼저 떠올리는 브랜드 중 하나가 쏘나타와 바나나 맛 우유일 것이다.

이진용 교수(서울산업대)

VI

실버마케팅에 대한 관심을

실버마케팅의 대두

최근 우리 사회에서 일어나고 있는 고령화 사회로의 진입과 아울러 노인부양의식과 가족구조의 변화, 고령자의 경제력의 향상, 복지시비스의 고급화와 다양화 등에 대한 요구의 증가 등과 같은 변화는 필연적으로 사회보장 관련 지출의 증대를 필요로 한다. 이들 고령자의 욕구를 충족시키고 사회적 문제를 해결하기 위한 다양한 정책이 요구되고 있는 실정이며, 저소득층뿐만 아니라 중산층 이상의 노인에 대한 사회적 복지서비스의 공급도 크게 요구되고 있다. 우리의 평균수명이 늘어나 좋기는 하지만 고령화 사회에 따른 사회적 · 제도적 구조의 개선은 미흡하기만 하다.

그러나 우리 사회는 분명히 고령자와 관련된 산업의 발전

및 변화가 나타나고 있다. 이와 관련하여 실버산업이라는 노인과 관련된 산업이 유망산업으로 발전되고 있는 바, 실버산업이란 민간기업이 시장원리에 입각하여 노인들을 대상으로 그들의 욕구에 맞는 시설, 상품 및 서비스를 개발하여 공급하는 영리성 사업을 말한다.

이처럼 고령자를 위한 제품의 개발 및 공급이 점차 활기를 띄고 있으며, 고령자 자신들도 시장구매활동에 적극적으로 참여하게 됨으로써 실버시장(Silver Market-노인시장)이라는 분야가 부상하고 있다. 소비자는 왕(Consumer is the King)이라는 용어가 이제는 소비자는 노인(Consumer is the Silver)이라는 용어로 대치될 전망이다. 따라서 실버마케팅(Silver Marketing)이란 이들 노인층을 대상으로 하는 마케팅 활동 혹은 실버산업분야에 행해지는 마케팅 활동을 뜻한다.

실버산업의 미래

미래사회는 고령인구가 늘 뿐만 아니라 고령화 기간도 길어지고, 고령자들의 생활과 복지에 대한 필요와 요구도 늘어나고 다양화 고급화될 것으로 예상된다. 따라서 실버시장은 확대일로에 있다고 해도 과언이 아니다.

노인복지를 위한 각종 정책이 실현되어 실버산업의 발전속도는 빨라질 것이며, 그 규모는 65세 이상의 고령인구를 대상으로 2005년에 25조원, 2010년에는 37조원으로 연평균 10% 신장세를 보일 것으로 예상된다. 2010년도에는 특히 주거관련과 여가활동분야에서 각각 10조원대, 보건의료분야 8조원, 생활관련분야에서 의류 분야 2조원, 식품분야가 7조원으로 증가함으로써 실버계층이 민간소비의 11.5%를 차지할 것으로 추정된다.

그동안의 각종 연구들을 살펴보면 아직 우리나라의 고령자는 소득을 창출하지 못하여 경제적으로 어렵다고 하지만, 한국보건사회연구원의 "전국 노인 생활 실태 및 복지요구조사"에 따르면 우리나라 고령자들의 56.6%가 자녀의 도움 없이 독립적 생활을 하고 있으며 근로능력을 갖고 있는 것으로 판단된다. 저축과 국민연금제도 실시, 은퇴 후 창업과 재취업 등으로 노후 소득을 확보한 고령자들이 늘고 있는 추세이다. 그래서 건강과 경제력으로 무장한 "신세대 고령자"(제2의 청춘)가 형성되고 있으며, 이들 중 중산층 이상의 고령층은 "강력한 소비집단"으로 분류하여도 무리가 없을 것이다.

실버마케팅의 전개

실버산업에서는 고령층을 대상으로 그들에게 적합한 마케팅 활동이 전개되어야 한다. 먼저 실버산업 소비자들은 보다 높은 양질의 서비스를 요구하는 서비스 지향성, 다품종 소량형 제품의 선호, 여성주도형, 많은 시간을 소비하여 제품의 정보를 수

집하는 등의 독특한 소비자 구매행동이 있다는 것을 이해해야 한다.

하지만 이들 모두를 실버산업소비자라고 하여 하나의 거대한 시장에서 공통된 소비성향을 보인다고 이해해서는 안된다. 이들은 그동안 살아온 생활관습도 각기 다르며, 학력과 거주지역, 사고, 건강, 소득에서도 다양한 차이를 나타내고 있다. 이들은 다양한 특성을 지닌 사람들로 구성되어 있다. 단지 그들이 가지는 공통점은 단지 고령화되어 있다는 것과 동시대를 살아왔다는 것 뿐이다. 따라서 실버마케팅을 실시하기 위해서는 다양한 특성화를 고려한 노인시장 세분화가 필요하며, 그 세분시장별로 적합한 마케팅 전략이 요구된다.

이들 실버산업시장은 고령인구의 증가로 인해 자연적으로 발생된 산업분야로서 노인의 일상생활과 관련된 활동을 하나로 묶어 범위를 한정하기는 어렵다. 그러나 이들이 공통적으로 관심을 가지는 분야를 큰 범주로 분류하면

첫째: 주거산업분야(주거시설부분 및 재택서비스), 둘째: 의료산업관련분야(병원부분, 제약부분, 의료기기부분, 의료정보부분) 셋째: 여가관련분야(사회활동, 여가부문), 넷째: 금융관련분야(연금, 보험, 부동산 및 금융상품 등의 자산관리분야), 다섯째: 생활관련분야(의류부분, 식품부분, 생활용품) 등으로 구분된다.

성공하는 마케팅이 되기 위해서는 사회적 · 경제적 상황을 잘 분석하고, 소비자를 이해해야 하며, 각각의 세분시장에 적합

한 제품의 생산 · 적절한 가격결정 · 적합한 유통경로의 선택 · 적절한 판매촉진 방법 등이 최적의 상태로 조화를 이루어야 한다. 마케팅의 첫 출발점은 소비자가 원하는 제품이 무엇인가를 파악하여 소비자가 원하는 제품을 생산하는 것이다. 실버산업의 다양한 분야에서 현재의 고령자들이 필요로 하고 원하고 있는 것, 그리고 미래의 예비노인들의 욕구를 파악하여 그들이 진정으로 원하는 제품을 생산해야 할 것이다. 마케팅이 추구하는 궁극점이 소비자 만족을 통한 기업이윤의 실현이라는 것을 인지하자. 이러한 활동이 궁극적으로 사회복지를 구현하는 길이 아닐까?

송종호 교수(상주대)

마케팅은 결국 관계관리

마케팅이란 개념이 우리산업에 도입된 이후 영리산업과 비영리산업 등 각양각지에서 마케팅의 개념을 도입하고 있다. 예를 들면 부동산마케팅, 학교마케팅, 선거마케팅, 비영리마케팅, 정치마케팅, 그리고 공공정책마케팅 등 끊임없이 새로운 마케팅들이 등장하고 있다.

먼저 미국마케팅학회의 마케팅 정의를 살펴보면 '마케팅이란 개인이나 기관의 욕구 또는 목표를 충족시키기 위한 교환이 이루어지도록 아이디어, 재화 또는 서비스의 개념화, 가격책정, 촉진 및 유통을 계획하고 집행하는 관리적 과정이다'라고 정의하고 있다.

그러나 정보화 사회에서 마케팅 패러다임의 변화, 마케팅 환경변화 등으로 인해 더 이상 4P 중심의 전통적 마케팅 방법론은 한계에 봉착했다고 볼 수 있으며 마케팅의 확장된 개념으로 관계마케팅이 1980년대부터 출현하기 시작하였다.

관계마케팅(relationship marketing)이란, '장기간에 걸쳐 상호작용적이고 개별화된 부가가치를 향상시키는 접촉을 통하여 개별 고객들과의 네트워크를 파악, 유지, 구축하고 양측의 호혜적인 혜택을 위하여 네트워크를 지속적으로 강화하는 통합적 노력'이라고 말할 수 있다. 또는 '고객관계를 형성, 유지, 향상하는 것, 그리고 기업과 공급자들, 마케팅 중계기관들, 공중, 고객들의 행위자들 간 관계를 유지발전시키는 것'이라고 간단하게 정의할 수도 있다.

관계마케팅은 가치있는 것들의 교환에 참여하는 여러 파트너들 간의 밀접하고 장기적인 관계에 관심을 두고, 고객과의 관계구축, 강화, 개발의 중요성을 강조하고 고객관계의 수익성 있는 상업화와 개인과 조직의 목적 추구에 관심을 갖는 것으로, 새로운 패러다임에서 관계를 중심으로 마케팅 활동이 전개되면 구체적으로는 구매자와 판매자 간 관계마케팅 중심이 구축되어 진다고 볼 수 있다. 즉, 마케팅 핵심을 마케팅 기관들 간 또는 기관들 내에서 교환을 구조화 내지 조직화하는 것으로 볼 때 관련 조직들간 장기적 관계의 틀 내에서 거래를 표준화하고 일상화하는 것에 의해 더욱 효율화 될 수 있는데, 이는 크게 네 개의 범주로 구분할 수 있다. 첫째, 제조업자와 제조업자의 제품공급자들 간 관계적 교환과 서비스 제공자를 포함한 관계적 교환 등의 공급자 관계가 있으며, 둘째, 기업과 경쟁사들간의 전략적 제휴나 기업과 비영리 조직 간의 제휴같은 수평적 관계가 있다. 세 번째로는 기업과 최종 고객간의 장기적 교환이나 업무 파트너십의 관계적 교환같은 구매자 관계가 있고, 마지막으로 기업과 종업원들 간의 관계적 교환이나 지사, 부문, 전략사업단위 같은 사업단위를 포함하는 기업내 관계적 교환을 주로하는 내부관계 등 네 가지를 들고 있다.

이러한 관계마케팅 정의에서 관계마케팅의 핵심은 기업을 둘러싼 시스템 참가자들과의 연결 네트워크 관리가 중요함을 알 수 있으며, 이는 기업과 고객 간의 직접적 연결뿐만 아니라 고객들과 연계된 다른 참가자들과의 2차적 연결 네트워크 관리와 고객들간의 3차적인 연결 네트워크 관리도 포함되어야 할 것이다.

김경훈 교수(창원대)

클러스터와 기술마케팅시대의 도래

대전에서 '대덕연구개발특구'로 지정되는 시점에 필자는 영국 런던으로 건너가 세계적인 기술거래기관인 BTG(Britisch Technology Group)를 방문해서 대화하고, '대덕밸리 기술상용화 구축방안'이라는 보고서에 반영시킨 바 있다. 필자의 주된 사고를 제시하고자 한다.

첫째, 30년의 역사를 지니고 있는 대덕밸리는 미국의 실리콘밸리와 같은 클러스터로서 한국전자통신연구소에서 CDMA개발과 시장화처럼 여러 기술의 상용화(Commercialization of Technology) 사례를 축적하면서 세계 속에 부각되고 있다. 영국 BTG의 비전은 "미래의 시장을 형성할 기술들을 발굴하고, 개발하고, 상업화시키는 것"이었다. 클러스터에서 축적된 기술들을 '발굴'하고, 발굴된 기술들의 가치를 높이고, 이를 본격적으로 상업화시키는 기술마케팅이 적극적으로 도입되면서 클러스터가 발전할 수 있다.

둘째, 제4세대 R&D로 변화하고 있다. Miller와 Morris(1999)는 그의 저서 '제4세대 R&D'에서 제4세대는 디지털 혁명, 융합, 복합화가 반영되는 시대임을 강조하고 있다. 이 세대에서는 강한 팀제의 도입, 부서와 부서와의 협력의 강화, 고객뿐만 아니라 공급자 등 외부 파트너와의 긴밀한 협력 강화, 지식경영의 도입 등 연구개발 성공을 위해 경영혁신을 강조한다. 성공적인 R&D를 위해 경영혁신을 요구한다.

셋째, 기술융합(Technology Fusion)은 산업의 경쟁구도를 변화시키고 있다. 나타나는 융합화는 눈에 보이는 경쟁에서 눈에 보이지 않는 경쟁으로 바꾸고 있다. POSCO의 경쟁자가 신일본제철이었으나, 전혀 다른 업종에 종사한 GE가 강철만큼 튼튼하고 플라스틱 만큼 가벼운 특수 플라스틱 신소재를 개발하여, 경쟁자로 나타나고 있다. 기술마케팅에서 빠르게 보완자를 찾아 협력과 네트워크를 구축하는 작업이 가장 중요해진다.

넷째, 클러스터와 성공적인 기관들은 R&D와 시장의 조화를 추구한다. 기관은 R&D단계에서 마케팅이 도입되어야 한다. 연구개발에 종사한 이들이 창업하면 마케팅에서 어려움에 직면하게 된다. 연구와 시장화 사이에 격차를 죽음의 계곡(Valley of Death)이라고 표현하기도 한다. 연구개발 단계에서 시장을 이해하는 능력이 요구된다. 이제 '대덕연구개발특구'는 동대문시장과 같은 시장과 동태적인 클러스터에서 배울 수 있어야 한다.

다섯째, 클러스터의 경쟁구도 속에서 대학의 역할이 변화한다. 필자가 근무하고 있는 한남대학교는 대덕밸리 내에 대단위 연구개발 부지를 매입하고, 바이오 중심의 테크노폴리스를 형성하고, 세계적인 바이오기업인 '프로메가'로부터 대단위 투자를 유치하고, 성공 벤처기업들을 끌어들이면서 클러스터 속에서 대학의 역할을 재정립하고 있다. 프로메가라는 기업이 연구개발 중심의 생물소재기업이나 연구개발 단계에서 마케팅을 적극 도입하여 성장하는 기업으로 유명하다. 클러스터와 기술마케팅의 시대가 도래하고 있는 느낌이다.

이규현 교수(한남대)

04

경쟁력 있는 유통 및 영업관리!

유통의 새로운 지배자 : 오픈마켓의 급성장 / 지역 중소유통업체의 생존전략 : 구색 차별화 / 패션유통의 지각변동 : 대형할인점의 급성장 / 재래시장 번영의 '숨비소리'/ 중소유통업체의 생존과 경쟁력 / 영업관리의 기초 / 대한민국 농업을 살리는 신뢰마케팅

유통의 새로운 지배자 : 오픈마켓의 급성장

최근 전자상거래에서는 기존의 인터넷 쇼핑몰들을 제치고 오픈마켓이 강세를 보이고 있다. 오픈마켓은 구매담당 직원이 상품을 선정, 구매하여 쇼핑몰에 올리는 MD시스템으로 운영되는 것이 아니라, 판매자(상인)들이 직접 상품을 올려서 판매하는 시스템이다. 흔히 이와 같은 옥션스타일의 쇼핑몰을 온라인 장터, 중개몰 또는 오픈마켓이라고 한다. 즉, 판매자(개인 또는 기업)가 오픈마켓에서 구매자(개인 또는 기업)를 만나 자유롭게 상품을 거래하는 것으로, 오픈마켓을 개설한 소위 중개몰은 판매자 측으로부터만 판매수수료를 받는다. 오픈마켓의 거래유형은 B2B, B2C, C2C가 주류를 이루고 있으며, 가격방식도 경매, 역경매, 공동구매, 균일가, 세일, 1:1협상가 판매 등 다양하다.

백화점의 경우 단일매장이 1조원의 매출을 올리는데 20년이 걸렸고, TV홈쇼핑은 6년이 걸렸으나, 오픈마켓 1위 업체인 옥션은 이를 4년 11개월 만에 이루었다. 지금은 옥션뿐만 아니라 인터넷 쇼핑몰 1위 업체인 인터파크(G마켓), TV홈쇼핑 1위인 GS홈쇼핑(GS e-shop), 포털사이트 다음(온켓)까지 모두 오픈마켓을 개설하였다. 점차 온라인 유통의 대세가 되어 가고 있는 오픈마켓의 방문객 증가율은 인터넷쇼핑몰 방문객 증가율보다 더 높다. 인터파크는 이미 자회사인 G마켓(오픈마켓)의 매출액이 더 많다.

수많은 인터넷 비즈니스 모델 중에서 오픈마켓이 급부상하게 된 이유는 무엇일까? 물론 가장 큰 요인은 저가격일 것이다. 오픈마켓에 입점한 다수의 판매자 간의 경쟁은 필연적으로 가격을 낮추게 한다. 오픈마켓은 가격이 완전경쟁에 가까워지고 고객이 파워를 가질 수 있는 e-marketplace의 특성이 반영되는 공간이기 때문이다. 또한 수많은 판매자들의 치열한 경쟁으로 인해서 가격 뿐 아니라, 구색과 스피드 면에서도 강점을 가지고 있다. 최근 오픈마켓에서 강세를 보이는 품목은 의류와 생활잡화이다. 이들 제품은 소비자의 기호가 다양하고 빠르게 변화하는 품목이다. 오픈마켓에 참여하는 개인이나 중소업체들은 과거의 유통업체들이 제공하기 힘들었던 다양성과 속도를 제공하고 있다.

이에 따라 과거 쇼핑몰을 운영하던 기업들은 상품기획, 배송, 반품처리 등의 복잡한 관리기능을 모두 오픈마켓 참여자(입점상인)들이 담당함으로써 오히려 수익을 증가시키고 있다. 입점 상인 역시 오픈마켓의 신뢰도를 등에 업고 자신이 가장 잘 할 수 있는 분야를 특화시켜 수익을 극대화시키고 있다. 그래서 창업을 희망하는 사람들에게 오픈마켓은 성공의 신기루이기도 하다.

어떻게 보면 오픈마켓은 가장 효율적이고 이상적인 자본주의 시스템의 전형을 보여준다고 하겠다. 이런 점에서 오픈마켓은 강세는 어느 정도 지속될 것이다. 그러나 이를 위해서는 상거래의 기본인 신뢰가 바탕이 되지 않으면 안 된다. 최근 오픈마켓 입점상인들의 비윤리적 · 비책임적 행동이 불거져 나오면서 오픈마켓에 대한 불만도 발생하고 있기 때문이다. 즉, 입점상인들이 돈만 받고 사라져 버린다든지, 제대로 배송, 환불정책을 실시하지 않는다든지, 인터넷상에서와 다른 제품을 보낸다든지, 유통질서를 교란시키고 탈세의 온상이 되고 있다든지 하는 것들이다. 대형 쇼핑몰이 아니라 존재를 잘 파악할 수 없는 작은 상인들이 피해를 입힐 때 소비자들은 속수무책으로 당할 수밖에 없다. 아무리 효율적인 자본주의 시스템, 비즈니스 모델이라 하더라도 기본적인 신용이나 책임과 같은 기본적인 상거래 도덕이 전제되지 않으면 사상누각일 뿐이다.

박 철 교수(고려대)

지역 중소유통업체의 생존전략 : 구색 차별화

최근 극심한 내수침체로 유통업계가 전반적으로 어려움을 겪고 있다. 할인점 등과 같은 대형 소매점의 매출은 늘고 있긴 하지만 증가율이 크게 감소했고, 백화점은 오히려 전체 매출이 크게 줄고 있다. 통계청 자료를 보면 먼저 대형 할인점은 지난 97년부터 지난해까지 꾸준한 매출 신장을 보이기는 하지만 그 신장률은 감소하고 있다. 백화점의 경우는 2002년까지는 매출 증가세가 유지됐지만, 2003년에는 -3.1%, 2004년에는 -4.3% 성장을 기록해 적자폭이 확대됐다. 특히 유통업체들이 매년 신규 점포를 늘려가고 있다는 점을 감안하면 실질 매출 감소는 더 심각한 상황이라고 할 수 있다.

이로 인해 신세계, 롯데, 현대 등과 같은 전국적인 거대 유통업체들은 인수합병, 신규사업 진출 등의 움직임을 보이며 공격적인 마케팅을 수행하고 있다. 예를 들어 할인점 업계 2위인 삼성테스코는 부산 경남지역 유통업체인 아람마트를 인수했고, 유통업계 내부와 언론에서는 롯데와 신세계가 우리 홈쇼핑을 인수한다는 소문, 현대백화점이 까르푸를 인수한다는 소문들이 들리고 있다. 뿐만 아니라 엘지유통은 엘지 수퍼 10개를 올해 안에 신규 개점할 계획이고, 롯데쇼핑도 올해에만 수도권과 충청권을 중심으로 15개 점포를 새로 열겠다는 방침이다. 삼성테스코 역시 100-300평 규모의 중형 슈퍼마켓을 올해에만 20여개 개점할 계획이다.

이러한 상황에서 지역의 중소 유통업체들은 점점 더 매출감소와 수익성 악화라는 현실에 직면해 가고 있다. 그렇지 않아도 극심한 내수침체로 영업이 어려운 상황에서 전국규모의 대형 유통업체와 경쟁한다는 것은 그야말로 "계란으로 바위치기"라 할 수 있다.

그렇다면 과연 지역의 중소유통업체들을 활성화시킬 수 있는 방안은 없는 것인가 ? 물론 정부차원에서 각종 세재 혜택, 특성화 사업, 상품권 발행 등의 노력을 하고 있긴 하지만 무엇보다도 중요한 것은 중소유통업체 스스로 경쟁력을 강화하려는 자구 노력이라 할 수 있다.

그 중 가장 효과적인 방법은 대형 유통업체와의 구색차별화 전략이다. 일반적으로 할인점, 백화점 등의 대형 유통업체 주변 중소상가는 경쟁력이 약화되기 쉽다. 그러나 대형 유통점포의 단점은 one-stop shopping을 위하여 상품 카테고리의 깊이가 제한적일 수밖에 없다는 것이다. 예를 들어 월마트의 경우는 카테고리별 2가지 사이즈에 3개 브랜드로 제한하고 있다. 중소 유통업체가 이러한 점을 잘 활용하여 대형 유통업체에서 깊이 취급하지 않는 상품을 중심으로 상품 구색의 전문성을 강화한다면 어느 정도 경쟁력을 확보할 수 있다고 판단된다.

이러한 방법으로 성공한 국내외 사례를 들어 보겠다. 먼저 미국의 Stadtlanders 드럭스토어는 전국 규모의 대형 약국체인들과의 경쟁에서 살아남기 위해 희귀약품을 취급하기로 하였다. 어느 날 콩팥이식 수술을 받은 고객이 거부반응을 없앨 수 있는 약을 찾았고, Stadtlanders는 노력 끝에 그 약을 구해줄 수 있었다. 뿐만 아니라 약값의 대부분을 보험처리할 수 있도록 도와 주었다. 이로 인해 Stadtlanders는 희귀약품에 관한 유명한 약국이 되었고, 현재 전국에 걸쳐 우편주문 판매를 하고 있는 소매업체가 되었다.

이와 유사한 국내 사례도 있다. 서울의 신촌에 가보면 복성각이라는 중국집이 있다. 이 중국집은 좁은 골목길 모퉁이 지하 1층에 위치한 작은 중국집이었는데, 치열한 경쟁을 하고 있는 신촌 먹거리 상권에서 살아남기 위해 끊임없이 새로운 메뉴를 개발하였다. 예를 들어, 빨깐자장, 노란자장, 파란자장, 납작자장 등 자장면의 종류만 해도 매우 다양하다. 점포를 방문한 손님들은 저마다 재미있고, 독특한 맛의 중국요리를 맛보면서 복성각의 단골손님이 되었고, 지금은 3층 짜리 건물 전체로 점포를 확장하였다.

물론 중소 유통업체의 생존 전략은 고객 서비스 강화, 인터넷 등을 이용한 시장 확대, 중소업체간의 협력 등 몇 가지 방안을 더 생각해 볼 수 있다. 하지만 중소유통업체가 장기적으로 성장하고 경쟁력을 갖기 위해서는 이와 같은 구색차별화 전략이 선행되어야 할 것이다.

김상덕 교수(경남대)

패션유통의 지각변동 : 대형 할인점의 급성장

최근 국내외 글로벌 유통시장에서 대형 할인점이 유통채널의 핵으로 떠오르고 있다. 전 세계적으로 유명한 미국의 월마트(Wal-Mart)나 케이마트(K-Mart), 유럽의 메트로(Metro)와 까루푸(Carrefour), 그리고 일본의 다이에이(Daiei) 등을 보면 할인점이 백화점을 능가하고 있다. 이러한 현상은 대형 할인점들이 첨단 물류 혁신과 정보기술로 합리적인 저가격 시장인 대중소비시장을 만들어냈기 때문이다.

유통업의 중심으로 떠오른 대형 할인점이 국내 유통에도 막대한 영향을 미치고 있는 데, 그 중에서도 국내 패션유통시장에 대형 할인점들이 패션 비중을 크게 확대시키면서 큰 구조변화를 가져오고 있다. 백화점과 가두점이 양대산맥을 이루고 있던 패션유통시장에서 장기불황으로 소비심리가 양극화되면서 저렴한 가격, 편리한 교통, 점포수의 급증으로 인한 쇼핑환경이 조성되면서 할인점을 찾는 고객들이 늘고 있는 것이다. 신세계유통연구소에서 발표한 '2005년 하반기 유통업 전망' 보고서에 따르면 지난해 할인점 매출은 21조 6천억으로 백화점의 16조 6천억원을 크게 앞질렀다고 한다. 점포수도 지난해 267개에서 올해는 296개로 증가하여 100여개에 머물고 있는 백화점의 3배 정도 확대되면서 올 하반기 할인점 매출 성장(24조 4천억 원)은 백화점(17조 1천억 원)과 더욱 격차가 벌어질 것으로 예측되고 있다. 현재 할인점에서 차지하고 있는 의류 비중은 업체별로 차이는 있으나 평균 15% 내외로 파악되고 있는데 이마트, 롯데마트, 홈플러스 등 PB(자체상표) 개발강화와 패션브랜드 입점으로 인해 올해는 20-30% 정도까지 확대될 전망이다. 특히 가격경쟁을 해야 하는 할인점의 특성상 패션업체의 입점 브랜드로는 높은 마진을 계속 확보할 수 없기 때문에 상품기획자(MD), 바이어 등 전문 패션팀을 대폭 강화하여 할인점 자체상표 PB 개발에 박차를 가하고 있다. 또한, 중가볼륨캐주얼 업체들 역시 최근 백화점의 높은 마진율과 가두점의 매출하락 등으로 효율이 악화되자 할인점 영업을 강화하고 있다. 예를 들면, '체이스트컬트'의 경우 총 195 매장 중 할인점이 70개로 35%의 비중을 차지하고 있다.

이러한 현상들을 보면 대형 할인점이 미래에 국내 유통시장에, 특히 중소도시의 패션시장에 막대한 영향을 미칠 것이라 예측되어진다. 국내 대형 할인점의 성장이 향후 패션업계에 미치는 영향은 매우 크다고 볼 수 있기 때문이다. 대형 할인점은 저가를 지향하면서 지속적으로 가격 경쟁력을 가져야 하기 때문에 패션업체들에게 계속 가격을 낮추도록 요구하는 등 입점조건을 점점 까다롭게 할 수 있다. 따라서 저가시장을 목표로 하는 패션기업들은 이에 대한 대응전략을 가지고 있어야 할 것이다. 이에 대한 몇 가지 전략을 살펴보면 다음과 같다. 첫째, 대형 할인점과의 전략적 제휴를 통해 할인점으로 들어가는 것이다. 대형 할인점의 성장은 장기적으로 안정적인 성장으로 이어질 수 있기 때문이다. 둘째, 저가의 대형 패션전문점(SPA)을 구축함으로써 할인점과 경쟁해 나가는 것이다. 예를 들면, 미국의 갭(Gap)에서 런칭한 올드네이비(Old Navy)와 같은 SPA 브랜드는 국내에서는 아직까지 매우 미비한 단계에 있다고 볼 수 있다. 따라서 강력한 SPA 브랜드를 구축해 내는 것이 매우 중요하다고 보여진다. 셋째, 미국의 콜스(Kohl's)나 시어스(Sears)와 같은 중저가 패션백화점을 만드는 것이다. 최근 이랜드가 뉴코아를 중저가 패션백화점으로 만들려고 하고 있는데, 이런 백화점들이 더 많이 생겨나야 할 것이다. 한편, 대형 할인점업체 입장에서도 해결해야 할 문제점들이 없는 것은 아니다. 예를 들면, 소비자들에게 할인점의 의류는 저가브랜드라는 인식이 아직까지 팽배하다는 것이다. 이를 위해 전문 디자이너, 품질관리자, MD 등 전문인력들을 고용함으로써 브랜드 이미지를 향상시키는데 보다 적극적으로 대처해야 할 것이다.

패션산업은 부가가치가 높고, 관련 산업과의 유기적 관계가 유지됨으로써 소비자의 감각을 자극하여 수요를 창출할 수 있다. 이런 특성을 지닌 패션시장에서 대형 할인점이 기존의 패션브랜드 기업들과 윈윈(win-win) 전략으로 향후 우리나라의 패션유통산업을 보다 발전시켜 주기를 기대해본다.

이승희 교수(성신여대)

재래시장 번영의 '숨비소리'

재래시장은 생활용품들을 사고 파는 거래 장소의 의미를 뛰어 넘어 일상적인 삶과 정서를 나누는 만남의 장으로서, 지역 전통과 문화 보존의 커뮤니티 공간으로 한 몫을 담당해 왔다.

그러나 경기침체와 함께 대형 할인점의 지방출점 가속화, 홈쇼핑, 전자상거래 등 무점포 소매점과 같은 신유통업태의 약진으로 영세한 자본력과 생업위주의 경영방식이 유지되고 있는 재래시장들과 지역 중소유통업체들이 침체현상을 초래하게 되었다.

또한 핵가족화에 따른 가구수의 증가, 소비자 소득수준 향상과 까다롭고 신중한 상품선택, 가격 중시 경향, 편의성 추구 등으로 특징 지워지는 소비패턴의 변화와 여성의 경제활동 참여율 증가에 따른 소비자 라이프스타일 변화 등 유통 패러다임 변화의 거센 물결 속에 대응능력이 취약했던 재래시장의 어려움이 가중되었다.

그러나 재래시장의 활성화는 국가경제적 측면뿐만 아니라 지역 경제의 활성화 측면에서도 간과해서는 아니되며, 도시환경 측면과 지역문화 측면, 고용안정 측면과 소매업태 측면 등에서 활성화해야 할 당위성을 가지고 있다.

그동안 정부는 이러한 어려움에 있는 재래시장의 활성화와 경쟁력 강화를 위해 경쟁력을 상실한 업종인의 용도변경과 업종 전환을 유도하고, 시장별 여건과 특성에 맞는 전문재래시장 육성을 위한 재래시장 발전종합대책을 수립하고, 환경개선과 유통정보시스템 도입, 상인의식교육 등의 지원정책을 시행해 왔다.

또한 금년에는 전국적으로 통용될 수 있는 재래시장 상품권을 추진하는 등의 지원정책을 시행해 가고 있다. 그러나 재래시장을 비롯한 소상공인들의 가격경쟁력을 악화시키고 있는 또 하나의 현실적인 요인으로 부각된 재래시장 업체들의 카드 수수료율 인하 문제와 대형 할인점의 24시간 영업 문제 등은 아직도 논의를 계속하고 있다.

재래시장의 경쟁력 강화를 위해서는 상인들의 단합과 강력한 시장지도자의 리더십 발휘를 바탕으로 재래시장별 특성과 경쟁우위 요소를 고려한 취급상품 차별화와 특화가 필요하다.

특히, 판매시간의 차별화와 시장의 여건에 따라서는 관광기능 도입을 위한 야시장으로의 전환 고려와 고객관리센터 도입과

퀵서비스 제도 같은 지역밀착마케팅을 적극 도입하는 등의 재래시장 상인들의 자구노력도 당연히 있어야 한다.

또한 재래시장들이 활성화되고 있는 국내 · 외 타지역 재래시장화의 성공적 사례에서 살펴 볼 수 있듯이 이러한 성공적 기반을 갖추어 갈 수 있도록 적극적인 행정적 뒷받침은 필수불가결 요소이다.

이러한 어우러짐이 열매를 맺어 재래시장이 고향의 정취를 물씬 느낄 수 있고, 시골장터의 풋풋함과 훈훈함을 맛보며, 현대 속에 옛날을 경험할 수 있는 살아있는 교육의 장으로 지역의 관광명소로 활성화되기를 소망해 본다.

※ '숨비소리'는 물속에서 숨을 오래 참았던 해녀들이 수면에 올라와 몰아쉬는 숨소리를 의미.

김형길 교수(제주대)

중소유통업체의 생존과 경쟁력

지금 국회를 중심으로 대형 할인점의 영업시간제한을 놓고 찬반토론이 일고 있다. 할인점의 폐점시간을 밤 9시로 하자는 입법 추진에 할인점 업계는 소비자 선택권 시장경제 무시 발상이라 반발하고 있고, 중소상인들은 환영하면서 이에 덧붙여 대형 할인점의 신규 출점도 막아야 한다는 의견을 제시하고 있다.

이러한 찬반논쟁은 대형 할인점 영업시간규제가 중소유통업자의 생존권 확보 및 일자리 감소를 어느 정도 막을 수 있다는 측면과 함께 영업시간단축이 재래시장을 포함한 중소소매점의 이익으로 연결될지 여부, 맞벌이 부부 증가 등 생활양식의 변화에 따른 소비자 선호도 변화 등을 반영하지 못하고 있다는 비판의 여지도 동시에 남기고 있다. 하지만 보다 근본적인 과제가 존재한다. 재래시장을 포함한 중소유통업 종사자의 경쟁력 강화가 보다 절실하다는 뜻이다. 시장개방이 현실로 다가선 상황에서 재래시장 혹은 중소유통기업이 해결해야 할 과제는 바로 경쟁력 강화다. 생존과 번영의 기반이 되는 경쟁력 강화 방안을 제시해 본다.

첫째, 하드웨어 문제로 시설 현대화가 필요하다. 특히 재래시장의 재건축, 리노베이션, 리모델링 등을 통해 점포 내부의 조도상태, 고객이동의 편의성, 차량 접근성 제고 및 주차장 확보, 업종군집화, 냉난방시설 구축 등을 통한 쾌적하고 효율적인 쇼핑환경을 창출해야 한다. 물론 무조건적인 현대화가 아닌 원상복원이나 원형보존을 통한 고객확보도 또 다른 방법으로 제시될 수 있다.

둘째, 경영 문제로 재래시장 혹은 중소유통업체의 주고객이 누구인가를 파악하는 일이 대단히 중요하다. 재래시장 혹은 중소유통점을 찾는 고객의 특성이 파악된 이후라야 누구를 홍보대상으로 하며 이들을 유인하는 데 필요한 설득과 비용 효과적인 홍보전략이 가능하다.

셋째, 고객에 대해 편의성을 제공할 수 있어야 한다. 고객편의성의 핵심은 시장까지 가는데 걸리는 시간이 짧고 접근성이 좋으며 주차가 편리하고 제품전시공간이나 점포레이아웃의 효율성 등까지도 포함한다.

넷째, 고객에게 대해 가치와 혜택을 줄 수 있어야 한다. 제품·서비스 판매는 단순한 제품·서비스 제공으로 끝나지 않는다. 제품·서비스는 고객에게 제공하는 가치와 혜택이어야 한다. 고객이 원하는 기능을 가진 제품, 이에 수반하는 부가서비스, 만족까지 소비자에게 주어야 한다. 단순히 가격이 저렴하다고 제품을 무조건 구매하지는 않는다. 고객은 제품을 사는 게 아니라 당면한 문제의 해결방법을 사기 때문이다. 따라서 제품선택 폭의 다양화, 원하는 스타일, 독특성을 고객이 제품에서 찾을 수 있어야 한다. 이는 곧 경쟁 유통점에서 취급하지 않는 혹은 소홀히 취급하는 품목과 서비스를 제공함으로써 차별화를 확보한다는 것을 뜻한다.

다섯째, 고객이 지불해야 하는 총비용이 저렴해야 한다. 비용이란 단순히 제품가격 만을 말하지는 않는다. 제품을 찾는데 들어가는 정신적 노력, 육체적 수고, 교통비 등이 포함되며 이들 비용이 다른 유통점에 비해 저렴해야 한다.

여섯째, 고객에 대한 관심과 고품질의 고객서비스를 제공해야 반복구매가 이루어지고 궁극적으로는 중소유통점포에 대한 충성도가 확보된다. 고객은 기업 성공의 핵심요소이다. 고객이 존재하지 않으면 유통기업도 존재할 수 없다. 종업원의 친절, 홈페이지나 전화를 통한 편리한 상담, 손쉬운 반품교환 서비스, 배달서비스 등은 소매점의 이미지를 제고하고 단골고객확보의 중요한 자산이 된다.

이상에서 우리는 중소유통업 종사자가 경쟁력을 확보할 수 있는 대안 여섯 가지를 제시했다. 기업이나 재래시장의 성공은 그 기업이나 재래시장의 이미지에서 나오며 그 기업의 이미지는 쾌적한 쇼핑시설, 편의성, 고객이 지불하는 비용, 제품 · 서비스 품질을 기반으로 하는 가치와 혜택, 대고객서비스에서 나온다. 이 이미지가 고객의 마음 속에 호의적이고, 차별적으로 그리고 강하게 각인된다면 재래시장 혹은 유통기업 브랜드화와 신뢰성 형성으로 이어져 고객이 다시 찾고 싶은 쇼핑공간으로 된다. 원리는 단순하지만, 많은 자본투자와 노력과 시간이 필요한 어려운 과제이다. 따라서 인내심이 곧 기업경쟁력의 시작이 된다.

구동모 교수(경북대)

영업관리의 기초

마케팅에서 가장 중요한 영업관리의 기초에 대해서 알아보기로 한다.

인적 판매(personal selling)란 커뮤니케이션 믹스의 한 요소로서 판매원이 직접 고객과 만나 자기 회사의 제품이나 서비스를 구입하도록 설득하는 커뮤니케이션 활동을 말하며 종업원판매라고도 한다.

따라서 인적 판매는 고객과 직접 접촉하여 그들의 표정을 살펴가면서 제품의 편익을 설명하여 궁극적으로 사게 만드는 활동이기 때문에 커뮤니케이션의 다른 어떤 수단보다도 강력하다. 요즈음 이러한 인적 판매의 중요성이 날로 증가하고 있는데 그 이유를 요약하면 다음과 같다.

(1) 제품이 다양하고 복잡해지고 있다. 소비자들이 판매원으로부터 일일이 교육을 받지 않으면 안 될 정도로 제품의 사용방법이나 기능이 복잡해지고 있다.

(2) 판매원이 전문직이 되고 있다.

(3) 소비자들의 특정 제품에 대한 충성도가 높아지고 있다. 대부분의 소비자들이 자기가 지금까지 믿고 사용해 오던 제품에 대한 태도를 바꾸는데 주저한다.

(4) 전 사원의 판매원화 경향이 늘고 있다. 최고 경영자로부터 말단사원에 이르기까지 조직의 전 구성원이 판매일선에 나서고 있다.

판매원이라고 해서 모두 똑같은 임무를 수행하는 것은 아니다. 특정 판매원의 역할은 그 기업의 영업내용에 따라 상이하며 또한 그 판매원의 직무에 따라 다를 수도 있다. 판매원은 다음과 같은 구체적인 역할을 수행한다.

(1) 이미지 창출자(image agent): 소비자들은 판매원을 보고 제품이나 서비스는 물론 그 회사를 평가한다. 따라서 판매원은 움직이는 광고인 셈이다.

(2) 연락자(liaison agent): 고객과 직접 접촉을 통하여 제품과 서비스를 전달하고 불만사항을 회사에 전달하는 연락자로서의 역할이야 말로 우리가 알고 있는 판매원의 전부일지도 모른

다. 또한 때로는 고객들의 상담자로서의 역할을 수행하기도 한다.

(3) 정보원(intelligence agent): 판매원은 회사의 최전방 공격수이자 방어수이며 관찰병이다. 따라서 항상 고객을 대면하면서 그들의 기호변화, 경쟁상태 등과 같은 시장상황의 변화에 대한 정보를 회사에 보고하여야 한다. 판매원이 하는 역할을 볼 때 회사의 꽃은 역시 판매원임에 분명하다.

판매는 한마디로 상대방을 설득하는 행위이다. 남을 설득하기도 하고 설득당하기도 하는 것이 우리의 일상생활이라고 볼 때 우리는 무엇인가를 남에게 판매하면서 매일을 생활한다고 할 수 있다. 남편은 아내에게 자기의 주장을 집요하게 설명하여 설득시켜 자기의 주장을 판매하고, 아들은 대학의 판매행위에 이끌려 특정 대학을 지원하고, 딸은 진도사의 말을 듣고 교회를 다니게 된다. 이 모든 것이 판매행위이며 우리는 그 속에서 살아가고 있다.

보부상에서부터 엿장수, 두부장수, 약장수에 이르기까지 어떻게 보면 판매야말로 이 세상에서 가장 오랜 역사를 지닌 전문직업이라 할 수 있다. 하지만 이들의 판매행위와 현대기업의 전쟁에 가까운 전문판매행위는 근본적으로 다르다.

전문적인 판매행위에 있어서 왕도는 없다. 하지만 일련의 판매행위가 어떠한 계획적인 절차에 의해서 이루어져야 한다는 점은 아무도 부인할 수 없는 사실이다. 영업사원의 판매과정은 다음과 같다: (1) 잠재고객의 색출 및 평가, (2) 고객에게 접근, (3) 고객 설득, (4) 거래의 종결, (5) 판매 후 서비스.

거래의 종결은 상담의 마무리를 의미하며 판매원의 궁극적인 목표이다. 하지만 한 번의 방문으로 거래가 이루어지는 것이 가장 바람직하겠지만 그러한 경우는 매우 드물며 거래를 마무리하는 데에도 세심한 주의를 기울여야 한다. 상담을 진행하면서 고객이 사고자 하는 욕구가 최고조에 다달았을 때 다음과 같은 마무리 메시지를 자연스럽게 전달하면서 마무리 하는 것이 바람직하다. (1) 가격은 말씀드린 대로 30% 할인해서 드리겠습니다. (2) 배달은 집으로 해 드릴까요? (3) 이 물건이 저 물건보다는 훨씬 좋아 보입니다. (4) 이것으로 하시겠습니까? 저것으로 하시겠습니까? 등.

한 상품의 판매의 종결은 곧 다른 상품판매의 시작이다. 판매원은 상품의 배달여부를 확인하고 직접 방문하던지 아니면 전화로 상품의 사용 상태에 대하여 확인할 필요가 있으며 만일 고객이 조금이라도 불만사항을 토로하면 이를 즉시 해소하여야 한다. 고객들의 입에서 나오는 그 상품의 훌륭한 평가는 회사의 가장 큰 자산이다.

이종찬 교수(부산대)

대한민국 농업을 살리는 신뢰마케팅

최근 국내외 언론을 통해 보도된 바와 같이, 구조조정의 여파, 노동 강도, 동료간 경쟁, 성과위주의 평가 및 보상 정책, 생활비 부족, 인간관계 등 여러 요인으로 인해 그 어느 때보다 영업직원의 스트레스가 높다고 한다. 최근 잡코리아(www.jobkorea.co.kr)가 직장인 560명을 대상으로 설문조사한 결과, 응답자의 75.7%가 '직장생활로 인해 만성적으로 앓게 된 질병이 있다'고 할 정도로 심각한 사회병이다. 특히, 하는 일이 너무 많거나 복잡하다거나 혹은 너무 단순 반복적이여서 발생하는 직무 스트레스와 고객이나 직장 동료와 상사 혹은 부하직원 심지어 가족 간에 발생하는 인간관계 스트레스, 나아가 급여 및 복리후생과 관련한 스트레스 등 스트레스의 유형은 너무나 많다.

이런 스트레스에 대해 영업직원들은 협심증, 고혈압, 두통, 신경쇠약 등 신경생리적 반응, 분노와 우울, 불안과 같은 정서적 반응, 휴직이나 사직 등의 행동적 반응에 이르기까지 매우 다양한 형태의 반응을 보이고 있다. 최근 들어 이런 스트레스 반응의 한 유형으로 정신적 고갈에 대해 학자들이 관심을 가지게 되었다. 스트레스 등 여러 원인으로 종업원이 심리적으로나 육체적으로 완전히 탈진하여 동료들과의 인간관계가 파괴되고, 나아가 성과마저 저하된다는 것이 바로 정신적 고갈의 핵심이다.

따라서 경쟁이 치열한 영업현장에서 자신과 가족을 안전하게 보호하기 위해서는 주기적으로 자신의 스트레스 정도를 진단해 볼 필요가 있다. 직장과 사회에서 조금 더 얻기 위해 위험 수준의 스트레스를 방치할 경우 모든 것을 다 잃을 수 있기 때문이다. 그러나 정작 스트레스를 조절하거나 해소하는 적절한 관리 방법을 알지 못하여 음주, 흡연, 약물 복용, 과식 등과 같은 부정적인 방법으로 스트레스를 해소하고 있다. 짧은 시간에 많은 것을 이루고자 하는 조급한 마음으로 이러한 방법들을 이용하고 있으나, 이런 방법으로는 스트레스를 일시적으로 해소시킬 수 있을지라도 신체적 · 정신적 긴장감을 근본적으로 경감시키지 못할 뿐 아니라 스트레스를 해결할 수 있는 능력을 저하시킬 수 있으며 마음의 안정을 빼앗을 수 있다.

현재 효과가 입증된 스트레스 해소 방법에는 심리 · 정신 치료 요법, 바이오 피드백 요법, 점진적 이완 요법, 운동 요법 등이 있다. 이러한 방법들은 외적인 스트레스 요인들을 직접적으로 제거할 수는 없다 할지라도 개인이 각자의 삶 속에서 끊임없이 찾아오는 각종 스트레스를 올바르게 인식하고 이들이 건강에 미치는 나쁜 영향을 덜 받으며 지낼 수 있게 하는 방법들이다. 특히, 운동 요법은 혼자서 쉽게 이용할 수 있어 스트레스를 해소할 뿐 아니라 성인병을 예방할 수 있고 대상자에게 맞는 운동방법을 스스로 선택할 수 있어 바람직한 스트레스 해소방법이라고 할 수 있다. 운동은 심리적 압박감, 긴장감, 좌절감, 불안감 등을 감소시키며, 스트레스를 감소시키는 화학 물질의 분비를 촉진시켜 이완감을 증진시키는 역할을 하므로 간편하면서도 스스로 할 수 있는 스트레스 해소방법으로 제안할 수 있다. 또한 휴가기간을 이용하여 마음수련(www.maum.org), 산사체험(www.buddhapia. com/_Service/ BUDDHAPIA/0000000871/) 등 널리 알려진 수련프로그램을 통해 망가진 몸과 마음에 휴식과 영양분을 보충하는 것도 한 방법일 것이다.

잘 쉬는 사람이 더 큰 일을 해내는 법이다. 영업직원일수록 제대로 잘 쉬어야 한다.

지성구 교수(경남대)

05

마케팅은 과학!

확산적 마케팅 접근 시대의 도래 / 통합을 강조하는 새로운 마케팅 철학 / 블루오션으로 신규고객 창출을.. / 변화에 따른 마케팅 비결 / 관찰의 오류와 동료 연구자의 지원 / 마케팅을 배우는 자세 / 인간중심의 윤리경영이 성공의 밑거름이다 / 이공계 기피현상과 시장지향성 / 강한 기업, 강한 국가를 위해서는

확산적 마케팅 접근 시대의 도래

3차원 마케팅 이야기

을유년 새해가 밝았다.

새해 벽두에는 누구나 다 새해 소망을 기원한다. 그 기원 장소는 시공을 초월해서 이루어진다. 최근에는 해돋이의 장엄한 광경을 보면서 기원한다.

우리나라 도처의 산봉우리에 또는 풍광 좋은 해변에 몇 만 명에서 몇 십만 명이 모였다는 것을 뉴스에서 접한다.

여기에서 해돋이 마케팅을 각 기관과 지역에서 전개하는 것을 볼 수 있다.

몇 년 전 우리가족은 정동진에서 해돋이 광경을 볼 수 있었다. 먼동이 트기 전 캄캄한 밤인데도 불구하고 예상 밖의 많은 사람들이 응집해 있는 것을 보고 놀랐다. 장엄한 해가 떠오르자

기원하는 사람, 함성을 내는 사람, 아름다운 광경을 놓치지 않으려고 사진촬영을 하는 사람들로 메운, 한마디로 해돋이 축제였다. 여기에서 많은 사람들이 모이는 것을 보며 고객이 요구하는 것이 무엇인가를 파악하여 상품화할 수 있는 방안이 무엇인지 생각 해 본다.

우리는 아름다운 자연에 감격하고 그 감격에서 새로운 용기를 얻어서 새 출발의 힘이 솟게 된다. 여기에 따른 관광마케팅과 경험마케팅 차원에서 고객의 욕구와 필요, 아름다운 자연에 따른 기쁨과 만족, 고객에게 기대 이상의 놀라움을 부여하려는 3차원의 마케팅이 필요하다.

노래도 작사가, 작곡가, 가수가 일괄적으로 수행될 때 효과가 크다고 본다.

이와 같은 예가 동대문시장에서는 기획, 생산, 판매가 일괄적으로 이루어지는 패션 의류밸리로 일본의 대학생들이 한국 경제를 파악하기 위하여 체험학습장이 이루어지는 것도 그 실례라 할 수 있다. 나아가 우림시장에서는 상인, 번영회, 매장혁신의 일체로 재래시장 성공의 아웃소싱으로 각광을 받고 있다.

앞으로 유비쿼터스기술의 도입으로 매장의 상품텍, 은행계좌, 정보통신의 3차원의 마케팅시대로 될 것이다.

강의실에서도 인터넷, 전자칠판, 개인 PDA의 통합으로 강의가 수행된다.

이와 같이 우리의 일상생활에서도 마케팅의 새로운 국면을 발견할 수 있다. 이성(제품), 감성(이미지), 놀래주기(고객기대이상부여)의 3차원 마케팅 시대로 버전업되고 있다.

농촌에서도 도시민과 연계되어 농촌가족회원제를 도입하여 농촌체험 마케팅을 실행하고 있다.

그 예로 강원도 화천군 상서면 신대리 토고미 마을에서는 나눔의 농사가족이라는 회원제 시스템을 도입하여 도시회원이 3만원을 내면 무공해 오리쌀을 도시민에게 보내주는 전략이다.

나눔의 농사가족도 모집하고 토고미 오리축제도 전개한다. 연간 1만 명의 도시민들이 농촌체험을 즐긴다. 4년 전 4천만 원에 불과하던 농산물 판매가 4억 5천만 원으로 늘어났다. 토고미 환경농업 작목반을 구성하여 무농약 오리쌀재배를 시작하여 도시가구와 약 1천 명이 나눔의 농사가족으로 가입되었다. 매년 6월 6일은 나눔의 농사가족 만남의 날로 개최한디. 이 날에는 무농약으로 재배한 농산물, 인근 산에서 채취한 산나물로 점심무료제공, 새로운 가족소개, 논에 오리 넣기, 가족한마당행사(가마니치기, 굴렁쇠굴리기, 황토염색, 소달구지타기)등 농촌체험행사가 진행된다. 냉이와 쑥 등 봄나물 캐기 물고기와 다슬기 잡기, 허수아비 만들기, 알콩달콩 콩서리하기, 소달구지타기 등의 농촌의 자연과 생활문화도 체험할 수 있는 프로그램이 연중 운영된다. 폐교를 리모델링하여 자연학교로의 전환과 토고미 오리쌀로 전용도정공장의 건립으로 한과, 떡, 과자의 개발 마을에서 운영하는 특별한 숙박시설인 최고급 팬션은 장병들의 면회객이 주로 이용한다. 이와 같이 주민의 확산적 마케팅사고, 콘텐츠 개발, 지역마케팅의 3차원으로 접근하고 있다. 이제 마을도 상품이고 브랜드이다. 차별화 된 콘텐츠의 확산으로 마케팅이 성공하고 있다.

현장이 부여하는 마케팅 이야기

영화에서도 그 사례를 볼 수 있다.

몇 년 전 우리 가족은 TV 태조 왕건 드라마를 보고 나서 얼마간 시간이 지난 뒤 문경의 촬영장을 방문하게 되었다. 주위의 아름다운 산하가 한눈에 들어왔다. "정말 아름다운 곳이구나" 하는 생각이 들었다. 왜 이곳을 상품화했을까? 지역기관과 주민이 혼연일체가 되어 촬영장 유치에 적극적인 노력으로 유치되었다. 특히 문경시도 태조 왕권 세트장 유치를 위해 2만 평의 부지를 제공했다. 그 결과 후속으로 따르는 마케팅 효과는 확산되고 있다. 연간 수만 명의 고객을 유치할 수 있었던 것이다. 아울러 주위의 문경세제, 안동하회마을, 도산서원, 부석사 등의 패키지마케팅 프로그램도 앞으로 자연히 수반될 것이다. 이러한 우리의 고유 문화를 체험할 겸해서 그 길목에 자연히 촬영 현장도 들르게 되는 것이다. 미국의 유니버설 스튜디오도 성공한 케이스다.

1천만 명 이상 관객을 동원한 영화도 몇 편이 된다.

이러한 영화 자체뿐만이 아니라 후속조치로써 영화 세트장의 체험 마케팅 프로그램의 전개, 관계기관의 지원으로 3차원 통합 마케팅으로 수익을 올리고 있으며 특히 뉴질랜드는 국가 차원에서 '프로도 경제' 라 할 만큼 이에 적극지원하고 있다.

〈반지의 제왕〉은 1998~2002년의 약 5년간 뉴질랜드에서 촬영이 이루어 졌다. 뉴질랜드 정부는 반지의 제왕 홍보비로 1870만 달러를 지불했다. 반지의 제왕이 뉴질랜드에 미친 파급 효과를 지칭하여 Frodo Economy로 지칭하고 있다. 영화 촬영지로 수입을 올리고 있고 단역배우 출연, 세트장 건설, 숙박 및 요식업 운영 등으로 2만 개 가량이 고용이 창출되었으며 Hobbiton 마을의 배경으로 사용된 마타마타 농장의 경우 사유지를 개방하여 개인 당 미화 33.5달러의 입장료를 받고 있으며 하루 200여 명의 관광객이 방문하고 있다. 이와 같이 문화상품의 수입원의 다양화는 one source multi use 전략이다.

하나의 콘텐츠를 영화, 게임, 음반, 캐릭터 상품, 출판 등 다양한 방식으로 판매해 수입을 극대화하는 전략이다. 예컨대 스타워즈는 영화에서 출발하여 게임, 책, 음반, 캐릭터 상품 등 다양한 영역의 수입을 창출했다. 또한 헤리포터는 책이 1억 7000만 권 판매되어 크게 성공한 후 영화, 게임, 캐릭터 상품으로 제작되었다.

기업의 제품, 품질, 가격, 서비스, 경쟁이 보편화되면서 소비자들의 새로운 트랜드를 파악하고 새로운 마케팅의 접근 방법이 필요하게 된 것이다. 최근 활발히 전개되고 있는 체험마케팅이 대안으로 등장하고 있다.

이와 같이 기업의 경쟁 우위요소가 종전에는 품질, 가격, 서비스에서 체험으로 전환되고 있다. 나아가 고객의 만족은 물론 고객이 생각하는 것 이상을 미리 파악하여 고객에 대한 배려와 놀래주기로 버전 업 되고 있다. 이러한 고객에 대한 케어와 서프라이즈를 실현하기 위해서 기업들은 소비자 트랜드 헌터제 (cosumer trend hunter system)를 도입하고 있다.

태평양은 2003년 11월 라네즈 EO클럽이란 소비자 트랜드 헌터팀을 구성했다. 화장품의 주 구매층인 20대 여성들의 소비 트랜드를 파악하기 위해 25세 전후의 현직 스튜어디스 25명을 선발했다. 스튜어디스가 직업 특성상 가장 빠르고 정확하게 전 세계의 패션, 미용 트랜드를 알 수 있다는 점이 고려됐다. 이들 팀원들은 온라인 커뮤니티를 통해 25세 전후 여성들의 패션, 뷰티 문화 등의 최신 트랜드를 전달한다. 국·내외 패션에 자주 가는 음식점, 쇼핑거리 등의 소재는 제한이 없다. 그러므로 체험마케팅의 성공을 위해서는 제품자체의 개발에 앞서 소비자의 좋은 체험이 되도록 사전에 설계되어져야 하며 이러한 좋은 체험 상품이 고객과의 지속적인 관계유지를 위하여 사전에 고객의 최신 트랜드를 파악하는 것이 무엇보다 중요하다.

또한 소비자의 기대가치와 제품의 속성가치가 일치하도록 경험마케팅을 전개시키는 측면에서의 어포던스를 실현하여야 한다. 소비자의 연속적인 경험을 창출하기 위하여 소비자의 좋은 반응이 나오도록 전체적인 체험의 조건을 강화하여야 할 것이다.

그 사례로 대우자동차의 라세티의 시승프로그램 실시, 태평양 화장품인 라네즈의 끊임없는 연구개발과 라이프스타일의 뉴트랜드의 정확한 파악, 스타벅스의 향기, 음악, 매장분위기 연출의 감성마케팅, 보령의 머드 체험 이벤트가 종전의 기업 경쟁력 강화요인의 품질, 가격, 서비스와 더불어 경험이 중요한 경쟁력 강화요소로 밝혀졌다.

이상의 예에서 살펴보았듯이 고객의 필요 파악, 고객만족, 고객기대 이상의 놀라움 부여의 3차원 마케팅은 더욱 확산될 것이다.

김용만 교수(경남대)

통합을 강조하는 새로운 마케팅 철학

미국마케팅협회(AMA; American Marketing Association)는 1985년 이후 마케팅(Marketing)의 공식적인 정의로 통용되어 오던 전통적 마케팅 개념에서 탈피하여, 통합의 아이디어를 강조하는 새로운 마케팅 개념을 정의하고 발표하였다. 즉, 고객만족과 고객가치 그리고 고객과의 장기적이고 좋은 관계 관리를 핵심개념으로 하고, 마케팅 목표를 달성하기위하여 여러 가지 마케팅 활동들을 통합하여 네트워크(Network)화하며 이들을 관리하자는 것이 주된 내용이다.

마케팅에 대한 새로운 개념 정의이긴 하지만 거의 20년 만의 변화이고, 이는 그동안 마케팅 영역이 다양화되고 신경제와 정보기술 등의 발달로 인하여 생겨난 변화들을 마케팅이 수용할 수밖에 없음을 반증하는 것으로 보여진다. 실제로 기업에서는 이러한 변화를 반영하여 고객관계관리(CRM), 관계마케팅(RM)과 인터넷 마케팅(Internet Marketing)을 적극 활용하고 있다.

오늘날 마케팅은 영리조직 및 비영리 조직을 망라한 모든 조직체의 경영에 있어 가장 중요한 활동분야이자 기능요소로서, 조직체의 최고 경영층은 물론 모든 구성원들이 그 중요성을 인지하고 실천해 나가야 할 수단으로 인식되고 있다. 그동안 마케팅 개념과 철학은 시대 상황의 변화에 따라 그 영역과 역할이 점차 확대되어 왔다. 마케팅 관리를 기업의 입장에서 볼 것인가, 또는 고객과 시장지향적인 관점으로 볼 것인가로 나누어 볼 수 있을 것이다.

기업중심의 마케팅 철학은 1) 대량생산과 대량유통을 강조하는 생산중심의 사고 2) 제품의 기능과 품질을 강조하는 제품중심의 사고 3) 촉진과 판매를 강조하는 판매중심의 사고 등이 해당되고, 고객과 시장지향적인 관점의 마케팅 철학은 1) 마케팅중심의 사고 2) 고객중심의 사고 3) 사회지향적 마케팅중심의 사고로 나타나고 있다.

이러한 변화를 반영한 2004년 AMA 마케팅 개념의 주요 특징들은 다음과 같이 요약될 수 있다.

첫째, 그동안 전통적 마케팅 개념에서 강조하던 제품, 서비스, 아이디어로부터 고객을 강조하고 있다. 고객의 평생가치에 대한 기업의 인식 증대와 고객만족 및 고객감동을 통하여 기업의 이윤을 증대시키고자하는 마케팅 철학을 반영하고 있다.

둘째, 전통적 마케팅 개념이 마케팅 믹스를 계획하고 이를 실행하는 데에 중점을 둔 반면에, 새로운 마케팅 개념은 조직적인 기능과 일련의 프로세스들을 강조하고 있다. 이들을 통합하고 네트워크(Network)화함으로써 시너지효과를 얻을 수 있다는 것이다. 그러므로 기업이 보다 극적인 전술을 찾고 효과적인 전략을 마련할 수 있도록 해준다.

셋째, 전통적인 마케팅 개념이 일회적 거래로 끝나는 교환이라는 관점을 강조한 반면에, 새로운 마케팅 개념은 고객과의 장기관계를 강조함으로써 관계마케팅을 중요시하고 있다. 특히 마케팅이 가치전달자라는 측면에서 볼 때, 고객의 평생가치를 고려하여 기업이 이를 지속적으로 관리해 나갈 때 기업의 장기수익이 확보된다는 점에서 그 중요성은 더욱더 부각되고 있다.

마케팅은 하나의 프로세스이고 모든 이해관계자와의 의사소통을 중시하며 가치전달자로서의 기능을 지니고 있다. 그러므로 기업의 마케팅 목표를 달성하기 위해서는 여러 가지 마케팅활동들이 목표와의 일관성을 유지해야 하고 마케팅 활동들 상호간에는 상호보완성이 있어야 할 것이다. 이러한 측면에서 2004년 AMA의 통합을 중시하는 새로운 마케팅 개념은 기업이 어떠한 방향으로 마케팅 전략을 수립하고 실행해야 하는가를 보여주는 좋은 지표가 되며 앞으로의 기업경영에 큰 영향을 미치고 더욱더 확산되어 나갈 것이다.

신한원 교수(한국해양대)

블루오션으로 신규고객 창출을..

유가인상, 원화절상, 금리인상에 대한 압박 등으로 산업현장에 종사하는 사람들의 고통이 심화되고 있다. 실물경제의 어려움은 생산자나 소비자 모두에게 극단적인 탈출구를 찾도록 강요하고 있는 실정에 이르렀다. 또한, 경쟁자 간에 도덕성은 이미 사라지고 생존을 위해 필사적인 가격파괴와 끼워팔기 등이 만연되고 있다. 그동안 맹목적으로 충성도를 보여 왔던 고객들도 보다 까다롭고 다양한 잣대로 기업 및 제품의 가치를 평가하고 있다.

이러한 현실에서 조심스럽게 블루오션(Blue Ocean)으로 신고객창출을 도모하는 불황타개의 한 가지 방안을 제안하고자 한다.

블루오션(Blue Ocean)은 가치혁신론의 창시자인 김위찬교수와 르네 마보안교수(프랑스 인시아드 경영대학원)가 주창한 것이다. 이들은 시장을 블루오션(Blue Ocean)과 레드오션(Red Ocean)으로 구분하였다. 레드오션은 현존하고 있는 모든 산업현장을 의미하며 이미 경계가 설정되어 있고 게임의 논리에 따라 치열한 경쟁을 하고 있는데 반해, 블루오션은 현재 존재하고 있지 않아 경쟁에 의해 더렵혀지지 않은 시장을 의미한다.

다시 말해서 레드오션 전략이 기존시장에서 경쟁자를 이기고 시장점유율을 높이기 위한 '시장경쟁전략'이라 한다면, 블루오션 전략은 경쟁이 아니라 창조에 의해서 시장수요가 이루어지는 '시장창조전략'이라 할 수 있다.

레드오션 전략	블루오션 전략
기존 시장 내에서의 경쟁	경쟁자가 없는 신시장 창출
경쟁에서 이겨야 함	경쟁자체가 무의미
기존 시장에서의 수요창출	신시장에서의 수요창출 및 확보
고비용의 부담	저비용 고가치 창출
차별화나 저비용에서 하나를 택해 기업통합 시스템 운영	차별화나 저비용을 동시에 추구하는 기업통합시스템 운영

지금까지 우리의 산업현장을 살펴보면 대부분의 도·소매업들이 레드오션 전략을 통한 소모적인 마케팅 전략을 구사하고 있음을 쉽게 발견할 수 있다. 어떤 분야에서는 선도기업이 레드

오션 전략을 통해 훌륭한 실적을 거두는 것도 사실이다. 하지만 이러한 마케팅 전략이나 기법은 기업의 경영부담으로 작용하는 경우가 많다.

우리나라에서 급성장하고 있는 할인점들이 그들의 목표이던 최저 가격을 포기하고 경쟁대상을 재래시장, 백화점, 카테고리킬러 등의 모든 업태로 확장시키는 것은 레드오션의 전형적인 모습으로 할인점이 전방향의 경쟁자를 갖는다는 것을 의미한다. 이는 치열한 경쟁과 소모적인 많은 비용을 발생시킬 수도 있다.

한편, 3M사의 post-it 제품의 성공사례나 네덜란드 필립스의 센추리온 프로젝트의 성공사례는 블루오션 전략의 실천에 기인한 것이다. 또한, 백화점의 경우 고급화 전략을 추구함으로써 기존의 가격경쟁보다는 품질과 개인만족도를 극대화하는 방향으로 진화해가고 있는 것도 새로운 블루오션 전략의 실행이라 할 수 있다.

블루오션은 가치혁신(Value Innovation)에 근거를 두고 있다. 가치혁신이란 소비자들이 쉽게 접근할 수 있고, 재평가하여 상품의 의미(가치)를 새롭게 부여함으로써 새로운 시장을 창출하는 것이다. 블루오션 전략은 명백한 기준하에 실시되어야 하며, "기회를 극대화하고 리스크를 최소화한다"는 측면에서는 경제의 원리에도 부합하는 것이다.

경쟁자들을 모방하거나 경쟁자들과 동일한 수준으로는 레

드오션을 벗어날 수 없다. 자기자신을 냉철하고 객관적으로 분석하여 가치혁신을 이룸으로써 새로운 시장을 개척하고 신고객 창출을 도모하는 블루오션으로 불황타개의 해답을 찾아보기를 제안해본다.

경쟁이 없는 새로운 시장은 결코 멀리 있는 것이 아니라, 고정관념이라는 틀 바로 곁에 존재할 수도 있다.

"경쟁이 아니라 창조를"

이영철 교수(장안대)

변화에 따른 마케팅 비결

시대의 변화를 막을 수는 없다.

소비자는 시대에 따라 변한다. 편리함, 간편함, 단순함, 저가격 웰빙은 이 시대 소비의 key word이다.

수요가 많고 공급이 모자라던 시대는 '생산(제품)'이 중요했고 수요와 공급이 균형 잡힌 시대에는 'selling point'가 중요하다.

수요보다 공급이 넘치는 시대에는 마케팅이 중요하며 '고객 만족'이 지상과제이다. 고객만족을 넘어 '고객 감동', '고객 감격', '고객 졸도'를 요구한다.

고객이 감동하여 대 만족을 느끼면 고객을 몰고 온다. 판매의 달인 조지라드는 고객이 기뻐하고 만족하면 16명의 새로운 손님을 데려오고, 고객이 기분 나쁘고 불만족하면 25명에게 그곳에 가지 말라고 강력 반대한다고 한다.

경제가 나쁘고 경제가 침체되면 고객을 더욱 더 살피고 활성화하는 방안을 찾아야 하는데, 한국 기업들은 어떠한가? 경기 탓만 하고 나라님만 원망한다고 해결되는 일이 아니다. 보다 근본적이고 근원적인 문제 해결의 진단과 처방에 따른 대책과 방안의 단기적, 중장기적 실천에 달려 있다.

한국경제 근본적인 진단과 처방

머리가 아픈데 아까징기를 바르면 나아지겠는가?

배가 아픈데 파스를 바르면 해결되는가?

비가 올 때 우산을 팔면 상업이 되지만 날이 갤 때 우산을 팔면 사업 마인드 자체가 문제가 된다. 날이 개면 짚신을 팔고, 비가 오면 우산을 팔면 사업이 번창하는 비결을 모르는가?

알지만 움직이기 싫은 사고의 경직성과 경험의 고리가 빗장을 굳게 잠그고 세월과 시대상황을 탓하지만 않는지 구분이 안 간다.

중국은 잠에서 깨어 열심히 뛰다가 돌아보고 속도 조절을 한다. 일본은 10년의 경기 불황의 침체를 떨치고 서서히 속도를 높이고 있다. 미국은 거인답게 이라크를 제압하고 세계 경제를 통제하는 기술을 발휘한다. 국제적 샌드위치처럼 서 있는 한국 경제는 70~80년대까지 달려온 성장의 엔진을 바꾸고 새로 뛸 것인가? 2000년대 새로운 패러다임의 틀에 적응하지 못해 거북이 걸음으로 퇴보할 것인가라는 기로에 서있다.

정치가 안정되어야 경제가 바로 선다.
경제가 바로서야 그 나라의 미래가 있다.
경제가 바로 서려면 교육이 튼튼해야 한다.

때마다 바뀌는 입시 정책은 한국의 젊은이를 방황하게 만든다. 백년을 내다보는 입시 정책 담당자들의 현안과 지혜가 있기를 기도한다.

교육이 바로 서면 나라가 바로 선다.

나라를 바로 세우기 위해 우리 모두가 김구 선생님이 될 필요는 없다. 하지만 김구 선생님이 가졌던 '나라사랑, 민족사랑'의 정신이 중요하다. 상해에 있는 임시정부 청사에는 지금도 8번을 옮겨 다닌 대한민국의 중국 임시정부 당시 기록들이 전시되고 있다.

그 곳에 가면 한국의 독립을 위해 애쓰던 김구, 이승만, 김규식, 안창호 선생 등 선각자 모습이 눈에 선하다.

한국의 경제가 어렵고 경기가 침체하고 소비심리가 얼어붙어 부자들이 지갑을 닫고 서민들은 경제 주름살에 어두운 그림자가 서리는 것은 지도자들의 잘못이 80%이고 서민들은 20%의 책임이 있다.

주변의 다른 나라들은 뛰고 달리고 앞을 향해 열심히 전진

하는데 우리는 발목잡고 말싸움하고 방해하는 비판적 문화를 향유하는 패러다임을 완전히 과감하게 척결하고 한마음으로 새로운 패러다임을 구축하기를 촉구한다.

마케팅 패러다임의 이해와 활용

미국 사람은 물건을 살 때 어떤 기능이 있는가가 중요하다. 실용성을 중시하는 국민성의 발표이다. 실용성과 기능성을 갖춘 상품의 마케팅이 필요하다. 독일 사람들은 물건이 얼마나 오래 쓰고 튼튼한가 하는 내구성이 중요한 구매 기준이다. 독일 사람들이 만든 제품의 튼튼함이나 내구적 특성은 쌍둥이표 가위나 롤링겐의 칼에서 그 명성을 떨치고 있다.

프랑스 사람은 모양이나 디자인이 구매의 기준이므로 패션 감각과 감성이 표현된 예술성이 중요하다.

일본 사람은 구매기준으로 얼마나 경박단소(輕薄短小)하여 경제성이 있는가가 중요하다. 미국을 공략하려면 가장 미국적이며 미국인의 생활에 맞는 마케팅이 필요하고 독일, 프랑스, 일본 등 모든 나라의 각기 소비자 요구에 맞는 마케팅이 적용되어야 한다.

중국을 공략하려면 중국인의 생활을 잘 알아야 한다. 중국에서는 자판기 사업이 성공하기 어렵다고 한다. 중국인들은 의심이 많아서 자판기에 먼저 돈을 넣고 물건이 안 나오면 어떻게 하나 하는 걱정 때문에 잘 이용하지 않아 자판기 사업이 안 된다고 한다.

반면에 일본은 자판기 천국이다. 생활에 필요한 물건은 모두 자판기에 넣고 판다. 일본 국민 모두가 자판기의 신봉자이다. 음료, 담배, 생활용품 모두가 자판기 속에서 주인을 기다린다. 위치만 좋으면 자판기 하나가 한 두 사람 일꾼벌이(몫)를 한다.

한국은 어떠한가. 물건을 살 때 기능, 디자인, 성능, 색채도 중요하지만 "눈치"를 중시한다. 남이 사는가, 안 사는가 눈치 보다가 남이 사면 나도 달라는 식이다. "나도 나도(me too)"식 구매 특성이 있어 길거리 좌판 매대에는 아르바이트 아주머니들이 물건을 고르는 연출에 분주한 모습이 많이 보인다. 한국인들의 마케팅을 "눈치 마케팅"이 최고라면 과언이 될까 생각해 본다.

좀 더 과학적인 마케팅이 이루어지기를...

80:20의 원칙 실현 마케팅은 진실이다. 지존 고객 중 20%의 고객이 80%의 매출을 올려 주고 80%의 고객이 20%의 매출을 올려준다. 연말 연시에는 20%의 고객을 찾아 인사하고 감사의 뜻을 전하고 CRM(고객관계관리)을 확고하게 하자. 쓸데없이 80%의 고객들에게 불필요한 에너지 낭비를 줄이고 불황극복 마케팅을 기존 단골고객관리를 잘 하는데 그 비결이 있다.

소비자는 왼쪽을 좋아한다

일반사람의 눈을 가리고 직선 위를 걸으면 오른손잡이는 대개 왼쪽으로 치우쳐 걸어간다고 한다. 오른쪽 다리의 힘이 강하기 때문에 왼쪽다리가 축이 되어 회전하기 때문이다. 매장의 컨셉이나 상황에 따라 다르겠지만 유통 마케팅의 판촉비결이다. 경기도 부천의 LG백화점 3층 국내 여성 캐쥬얼 브랜드 미아오(MIAO)매장은 지난 9월 입점한 이후 장기 불황에도 불구하고 퇴근 매출이 5배까지 껑충 뛰었다. 바로 왼쪽 마케팅의 성공사례이다.

신규브랜드 임에도 불구하고 왼쪽 동선 활용 마케팅의 성공케이스인데 마네킹을 출입구와 에스컬레이터 왼쪽으로 세워서 동선을 유도한 결과이다. 오른쪽에 마네킹을 세우면 어떠한가. 보통사람들을 10명 중 7명이 왼쪽으로 시선을 돌리고 10명 중 1명이 오른쪽으로 시선을 돌리는 실험 결과가 있어 왼쪽시선 마케팅이 크게 효과적이다.

마케팅도 과학화하면 매출이 쑥쑥 오른다. 적은 것을 교훈 삼고 소비자 심리와 다처 변화를 세밀하게 포착하면 마케팅의 효과는 만점이 된다.

2005년 새해 한국 마케팅 신문이 한국 마케팅 과학회 회원 교수님들의 실사구시 제언과 세계화, 지역화, 내실화를 위한 지혜 넘치는 기고로 함께 크게 발전하기를 기원한다.

변명식 교수(장안대)

관찰의 오류와 동료연구자의 지원

우리는 실증연구에서 논리적 추론을 통해 가설을 세우고 가설과 일치한 관찰결과가 나타났을 때 우선 환호한다. 하지만 너무 이르게 결론을 내려 제3의 여러 가능한 원인요인을 간과하거나 우리도 모르는 사이에 예상한 패턴과 일치한 사건이나 상황에만 주의를 기울이는 오류를 쉽게 범하기도 한다. 이 같은 오류에 대한 생태학분야의 흥미로운 사례로 소개를 하고, 우리 연구자들은 이러한 오류를 어떻게 줄여야 하는가를 생각해보고자 한다.

인도양 상에는 모리셔스라는 외딴 섬이 있는데 그 곳에는 300년 전에 멸종한 '도도'라는 새 때문에 유명하다. 도도는 이 섬에서 천적이 없이 풍족한 자연환경에서 잘 살고 있었고 몸집은 칠면조 정도로 크며 굳이 날 필요가 없어 날개도 퇴화된 상태였다. 16-17세기 유럽의 항해자들이 향료무역 등을 위해 동양으로 갈 때 이 섬에 들려서 도도를 잡아 식량으로 때우다보니 결국 1700년경에는 한마리도 남지 않게 되었다. 이후 도도는 인구에 회자되는 멸종동물이 되었으며 오늘날에도 많은 생태학자들이 모리셔스 섬에 가서 다양한 연구관찰을 하고 있다.

또한 이 섬에는 칼바리아나무가 살고 있는데 300살이 넘는 늙은 나무 몇 그루만 남는 멸종직전에 처하고 있어 학자들의 관심을 끌고 있었다. 칼바리아 썩은 씨들은 도도의 오래된 시체와 같은 장소에 발견된 적도 있었다. 300살이 안된 젊은 칼바리아가 없다는 것은 도도의 멸종시기와 일치한 것이다. 칼바리아의 열매는 복숭아만한 크기로 그 씨는 두꺼운 내과피를 가지고 있었다. 따라서 약30년전 생태학자인 스탠리 탬플(Stanley Temple)이 칼바리아는 자연적으로 발아하지 못하고 도도의 모래주머니와 같은 소회기관을 거쳐야만 그 씨가 닳아져서 발아한다는 공생관계를 주장하였다. 실제로 템플은 칼바리아 열매 10개를 칠면조에 먹여 항문으로 빠져나온 씨를 땅에다 심었는데 그 중 3개가 싹이 났다. 이 연구결과는 최고의 과학저널의 하나인 Science지에 실렸고 멸종연구에 있어 전설이 되었다. 그러나 오늘날 어떤 생태학자도 이 전설을 믿지 않고 있다. 실제 모리셔스섬에는 300살보다 훨씬 젊은 나무가 상당히 있으며 도도이외에도 점점 숫자가 감소하고 있는 앵무새나 박쥐도 칼바리아 열매를 먹고 있다. 또한 칼바리아는 수많은 외래식물종의 이주와 수없이 땅을 파헤

치는 멧돼지에도 노출되는 등 영향요인들이 너무도 많고 이 같은 요인들이 복합적으로 멸종에 이르게 하고 있다는 사실들이 보고되고 있다.

우리도 우리가 세운 가설이 너무도 아귀가 잘 맞을 때는 미쳐 고려하여야 할 다른 요인을 너무도 쉽게 간과하는 경향이 있다. 이같은 오류를 줄이려면 사전에 요인들과 샘플수를 정해서 미리 결론에 도달하기보다는 충분한 관찰을 해야 한다. 무엇보다도 훈수하는 입장에 있는 동료연구자는 해당연구자가 간과하고 있는 것이 무엇인지를 대체로 알고 있다. 이때 동료연구자는 학문적 동반자로서 이를 지적하고 관련 제3의 요인들에 대한 의견을 주는 것과 같은 동료서비스를 제공한다면 오류는 많이 줄어들 것이다.

정형식 교수(조선대)

마케팅을 배우는 자세

코미디 프로에 나온 경비 차림 개그맨의 다음과 같은 대사가 생각난다. “배드민턴, 대충 치면 되는 거시. 그까이 꺼(그까짓 거)! 탁구공에 닭 털 몇 개 붙이고 파리채 같은 걸로 대충 넘기면 되지.” 배드민턴을 열심히 쳐온 입장에서 보면, 이게 코미디기에 망정이지 만약 누가 이를 정색하고 했다면, 적지 않게 기분 상했을 것이다. 비슷한 느낌을, 연전에 마케팅을 수강한 학생으로부터 받은 적이 있다. “마케팅은 뭐, 상식적인 내용들이 대부분이어서 이해하기(시험을 준비하기) 어렵지 않습니다.” 마케팅이란 학문을 업으로 이에 종사한지 근 20년 가까이 되는 내 입장에서 볼 때, 마케팅을 접한 지 채 몇 달도 안 된 학생이, 마케팅을 모두 이해한 듯한, 또는 공부를 열심히 할 필요가 없는 학문이지 않느냐는 듯한 언급은 내게 많은 생각을 하게 하였다. 너무도 당연하다고 인정하는 것에 대한 의문(예: 왜 우리는 열심히 살아야 하지?)이 제기될 때, 우리가 보통 이에 대한 적절한 반론을 쉽게 생각하지 못하는 것처럼, 얼마간의 시간이 내겐 필요했다.

마케팅은 분명 수학이나 공학과는 다르다. 같은 경영학이라도 재무 또는 생산관리와도 성격이 다르다. 공식과 원리를 모르면 전혀 손을 댈 수 없는 수학 문제와 달리, 마케팅 문제는 기본 상식만으로도 답을 유추할 수 있다. 마케팅 학자들의 논문들, 예를 들어 권위 있는 학술지의 연구들을 보더라도 이러한 점, 즉 마케팅이 굳이 머리 싸매지 않고도 알 수 있는 상식이란 점에 수긍할 수 있다. 이러한 예로 '기존 제품에 비해 상대적 장점이 많은 신제품의 확산은 빠를 것이다', '태도는 구매행동에 영향을 미친다', '광고비는 매출에 영향을 미친다' 등을 들 수 있다. 우리는 굳이 이러한 관계를 배우지 않더라도 생활 속에서 이를 익히 알고 있지 않은가. 그렇다면 연구자들은 일견 너무나도 당연한 관계의 규명에 아까운 시간을 허비하는 것은 아닌지, 그리고 한두 시간이면 다 얘기할 만한 지식을 한 학기 또는 여러 학기에 걸쳐 학생들을 강의실에 붙잡아두고 떠드는 것은 아닌지. 여기에 대한 올바른 답은 물론 주지하다시피 '그렇지 않다'이다. 물론 이는 너무나도 당연한 정답일 것이다. 마케팅이 중요하기에, 지금도 수많은 마케팅 학자들의 연구실은 밤늦게까지 켜있고, 마케팅 강의실에는 이를 하나라도 더 배우려는 학생들이 모여드니까. 광고비가 매출과 연관된다는 사실, 즉 이러한 상식은 누구나 갖고 있다. 그러나 단순한 상식과 이에 대한 과학적 지식은 차원이 다르다. 한 차원 높은 광고비 관리를 위해서는 이에 대한 체계적 지식이 필요하다는 점은 이 분야에 조금이라도 종사해 본 사람이라면 절실하게 공감할 것이다. 참고로, 광고비와 매출 간의 관계에 대한 연구가 왜 의미 있는지, 단순한 상식이 얼마나 넓어지고 깊어질 수 있는지에 대한 감을 잡는 데는, 광범위한 실증자료를 바탕으로 광고의 판매반응에 대한 몇가지 결론들을 제시한 John Little 교수의 연구(1979, Operations Research 게재)가 도움이 될 것이다. 특히, 광고비와 매출이 어떻게 연결되는가에 대한 지식은 광고비 단위가 수백만 원에서 수백억 원으로 커질수록 더욱 중요해진다. 조금의 오차로 인해, 화성을 향한 로켓이 화성이 아닌 저 먼 우주의 미아가 될 수 있는 것처럼 우리가 흔히 얘기하는 조금의 오차는 결코 그 '조금'이 아닐 수 있다. 마케팅을 단순한 생활 상식으로, 또는 '그까이꺼'로 생각하는 자세로는 결코 마케팅 분야에서 축적된 귀한 지식을 제대로 배우지 못할 것이고 또 그렇게 대충 습득한 지식으로는 결코 현장에서 제대로 활용하지 못할 것이다.

개는 누구나 그릴 수 있다. 그러나 피카소의 개 그림과 미술의 문외한이 대충 그리는 개 그림 사이에는 큰 차이가 있다. 마케팅 지식으로 무장한 사람과 상식적 차원의 지식만 가진 사람 간의 마케팅 성과에 큰 차이가 나게 되듯이.

서두에 언급한 코미디로 다시 돌아가 보자. 세상만사가 다 '그까이꺼'라면, 어떠한 것도 대수로울 일이 없을 것이다. 그러나 무대 뒤에서 그 코너를 성공시키기까지 개그맨의 노력을 살펴보면 그는 결코 '그까이꺼'란 자세로 코미디를 준비하지 않았을 것이다. 대사에서 알 수 있듯이 사회적 이슈에 대한 끊임없는 연구와 사회 현상에 대한 통찰력, 그리고 이를 코미디 대사로 전환시키는 순발력, 연기 훈련 등의 피를 말리는 노력이 없었다면, 지금과 같은 관객의 웃음과 호응을 얻지는 못했을 것이다. 세상에 뭐든지 '그까이꺼'는 없다. 이는 마케팅도 마찬가지다.

김종배 교수(단국대)

인간중심의 윤리경영이 성공의 밑거름이다

대한민국은 민주공화국이다. 그런데 가히 거짓말 공화국이라고 해도 과언이 아니다. 그것도 사회 지도층의 입에서 나온 말들이 불과 몇 일이 지나 거짓으로 밝혀지는 일들이 허다하다. 정지권이 그랬고 대기업도 예외가 아니었다. 방송이니 신문이니 하는 대중 매체가 무슨 약속이리도 한 듯 적당한 둘러대기와 허위를 보도하고 우리 모두를 무감각하게 만들어 왔다. 윤리가 땅에 떨어지고 도덕률의 기준마저도 모호해지기도 한다.

윤리는 사람이나 기업을 막론하고 거짓말하지 않는 것으로부터 시작되는 덕목이다. 기업이 윤리를 지켜서 신뢰가 높아지면 남을 설득할 수 있고 올바른 제품이나 서비스를 사라고 떳떳하게 말할 수 있다. 신뢰가 없는 기업의 주장에 고객이 설득 당할 리도 만무하다. 윤리경영으로 신뢰를 만드는 첫 번째 요체는 입으로 거짓을 말하지 않음이요 그럼으로써 신용성(thrustworthiness)을 높이는 일이다. 신용에 더해 전문성(expertise)까지 갖추었을 때 설득이 최대화될 것이다. 우리 사회에는 신용은 갖추었으나 전문성이 부족해서 시장전략에 실패하는 기업은 제품을 개발하고 시장력을 갖추면 희망은 있다 하겠다. 그러나 신용 없이 전문성만 가진 기업은 고객을 곤란에 빠뜨리기만 할 뿐이다. 21세기를 달리고 있는 이 마당에도 아직 기업이 발표하는 정보와 공언하는 약속을 믿지 못하는 불안감이 고객을 망설이게 하는 예는 흔하다.

김관식이라는 시인이 있었다. 자하문 밖에 살면서 신문에 논설을 쓰던 그는 약주를 즐겨 낮에도 취하는 경우가 더러 있었지만 부인 방옥례 여사가 그의 구술을 대필하여 서둘렀던 덕택에 그 당시 비싼 시발택시 요금을 치렀지만 한번도 원고마감을 넘기지 않았다고 한다. 거짓 없는 자신감을 그렇게 약속 지키기로 보여 주었던 그의 명함에는 '대한민국 김관식'이라고만 쓰여 있었다고 한다. 진솔하고 속내가 맑은 사람이니 더 이상의 수식어가 필요 없었을 법도 하다. 시인의 마음과 같은 사상과 사명을 실천하는 철학이 바로 윤리경영인 것이다.

우리는 사업계획서를 쓰면 흔히 돈을 얼마 투자해서 무엇을 얼마나 생산하고 얼마를 팔아 이문을 어떻게 남길 것인가를 계획한다. 그 어디를 봐도 이문을 남기는 과정에서 지켜야할 법규나 규칙, 배려할 계층 혹은 이문을 사회에 재투자할 계획은 없다.

유통선진국에서는 사업을 계획하거나 소매점포를 개설하는 사업계획서에 배려가 필요한 계층, 노인, 청소년, 장애인 등 우선적인 배려가 필요한 계층을 고용할 계획을 반드시 포함시킨다. 이문이 남으면 학교나 지역사회에 기부할 내역과 환경 보호와 개선, 종업원 근무 여건 개선과 복지 등에 재투자할 계획으로 가득하다. 특히 그들은 특정 위치에 기업이 들어서게 되면 도로와 시설을 개량하고 좋은 휴식공간과 전망을 제공할 것이라는 계획을 사업 시작의 당위성으로 강조한다. 거기에 지역사회를 풍요롭게 하려는 사회마케팅(social marketing)이 있고 환경을 개선하려는 그린마케팅(green marketing)의 의지가 보인다. 또한 WTO의 뉴라운드는 이제 환경오염과 자연 파괴, 미성년자의 노동, 불법 및 과잉 노동 시간 등을 통한 생산물의 생산과 유통 및 판매를 규제하는 추세이니 분명 우리도 대비할 때이다.

전략경영과 국가경쟁력이라는 관점에서 미국의 오늘이 있게 한 강점을 들라면 모든 국민이 영어를 잘 한다는 점, 모든 국민이 운동을 즐긴다는 점, 사람들의 말을 믿는 사회라는 점 등을 들 수 있다. 지금 중국의 유학생들이 물 밀 듯이 미국으로 들어오지만 가끔 시험문제 사전유출이나 부정행위 등의 의구심으로 토플 성적을 믿을 수 없다고 하소연하는 미국의 대학들이 많다. 양국의 국가경쟁력 수준을 보이는 대목이다. 미국인들은 밤늦게까지 술집에 모여 술 마시는 대신에 정말로 운동을 즐기고 많이 하고 열심히 한다. 그러니 자연 아침 일찍 기상하는 문화를 만들어 간다. 새벽의 한 시간이 오후의 세 시간에 버금가는 생산성 효과를 낸다고 한다. 한국 CEO의 평균수면 시간이 4시간 정도라는 통계를 본 적이 있다. 창의적 사고를 도출하기 위한 몰입에 쓴 시간 때문이라면 다행이겠지만 잡무에 시달려 아이디어를 위해 비워 두어야 할 새벽시간 조차도 잃고 있는 것은 아닌지 모르겠다.

무엇보다도 미국을 더욱 경쟁력있게 만드는 것은 사람 말을 믿는 문화이다. 우리는 미국을 너무도 잘못 알고 있다. 중고등학교 때 '거짓말하다'(to tell a lie)하며 중얼중얼 외운 기억들이 있지만 누구나 미국에 살아보면 사전에나 있을 법한 소용없는 영어를 너무도 많이 배웠구나 싶을 것이다. 우리는 중고차를 사고 팔 때 서로가 확인할 것이 한 두 가지가 아니고 담당 관청에 제출해야 할 증빙 서류도 가지가지이고 시간이 얼마가 걸릴지 장담하기도 어렵다. 사람 말을 믿는 문화를 가진 그들은 세무서에 매도인과 매수인이 입회하여 간단한 서류만 첨부하여 몇 가지만 구술하면 불과 몇 분 안에 매매 계약이 끝나고 차량등록증을 받을 수 있다. 거래 당사자가 말하는 매매 가격에 따라 세금이 징수되는데 놀라운 것은 두 사람이 말하는 그대로 믿는다는 것이다. 만약 증여라고만 하면 세금을 내지도 않아도 되지만 그렇게 둘러대는 민원인은 없다는 것은 그 만큼 거짓말을 안 하기로 프로그래밍이 된 사회라는 점을 느끼게 해 준다. 소매 점포의 반품 코너도 기본적으로 고객의 진술을 믿는 태도여서 반품이나 환불을 원하는 고객의 스트레스를 최소한으로 줄여 주고 있다.

노자는 도덕경에서 '강과 바다가 온갖 계곡 물의 왕이 될 수 있는 까닭은 잘 낮추기 때문이다. 백성들 위에 서고 싶으면 반드시 자신을 낮추는 말을 써야...'라고 했다. 기업이 진정 고객이 기업을 믿게 하기 위해서는 진실만을 말하고 낮추는 자세를 잃지 말아야 한다. 이런 조언에 우리 기업들은 그래본들 고객이 어느 세월에 알아주느냐며 조바심 내며 빨리 이문을 남기고 실속을 챙기고 싶어 한다. 그러니 AMA(미국마케팅학회)에서 발표하는 고객만족경영대상 기업에 우리 기업은 아직 명함을 못 내미는 실정인 것이다. 제발 조급해하지 말지어다. 단지 시간이 조금 더 걸릴 뿐 뿌린 것은 되돌아오기 때문에 '뿌린 것'이다.

윤리경영은 진실을 말하는 경영, 세상을 이롭게 하려는 의도에서 비롯된 경영, 건강하고 건전한 구성원이 수행하는 경영을 바탕으로, 세상에는 겸허한 자세로 고객에게는 성실하고 겸손한 태도로 임하는 경영이다.

고객은 특히 우리나라 고객은 전통적으로 기업의 잘잘못을 크게 따지려 하지 않는 경향이 있다. 선진국에서도 고객은 평균 27번의 불만족을 경험한 후 한번의 불평행동(complaining behavior)을 보인다고 한다. 무던하고 입이 무거운 반도의 양들일진데 아쉬워도 참고 지나가기 일수이다. 지금 전국의 소비자들은 크게 위축되고 힘들어하고 있음에 틀림없다. 이런 어려운 시기에 어법에도 맞지 않고 도무지 어색하기만 한 '소비자 분,

신청하신 분, 주문하신 분, 주차하신 분'으로 말로만 '분'자를 척척 갖다 붙이지 말고 '소비자'와 '신청자'이면 족하니 제발 마음으로는 '분'으로 모시는 고객지향적 경영 사상을 뿌리 내려서 내 나라 대한민국에도 기업의 따뜻한 마음이 지친 국민에게 새봄과 같은 활기를 불어 넣기를 간절히 소망해 본다.

신종국 교수(부산대)

이공계 기피현상과 시장지향성

입춘이 이미 지났으니 따뜻한 봄날이 가까이 다가왔음에도 대부분의 사람들은 이를 느끼지 못하며 정치적 이해의 뒤얽힘에 가슴 답답해하는 한숨소리들이 도시의 봄 빛깔을 더욱 살필 수 없도록 한다.

이 가운데서도 이공계기피현상은 청년실업과 맞물려 있어 보다 적극적인 사태파악과 대처가 요구되는 일이어서 간과할 수 없다.

더욱이 이러한 기피현상은 과연 기피가 타당한가 아니면 인력을 유인하는 정책적 노력이 요구되는 것인가에 대한 것과 관련되어 있다. 시장의 수요와 공급에 비추어 볼 때, 이공계기피현상은 자연스러운 흐름이라고 보며, 다만 질적 제고가 요청된다고 하겠다.

우선 이공계기피의 문제는 공급측면에서 보면, 교육부의 대학설립준칙주의에 의한 대학의 과잉개설과 정부의 총체적인 인력수요에 대한 예측부재가 주요인이라 여겨진다. 이를 우리와 경쟁관계에 있는 미국이나 일본과 비교하였을 때 그것은 더욱 명확해진다. 물론 우리나라와 그들 국가의 산업구조가 똑같지는 않지만 대체적으로 산업발전과정에서 유사성을 갖고 있어 시사하는 바가 크다 하겠다.

우리나라의 경우 전체 대학졸업자의 약 25%가 이공계인데 비하여 일본은 17%, 미국은 11%라는 통계에서 과잉공급 또는 불균형현상이 존재할 수 있음을 알 수 있다.

또한 수요측면에서의 지적은 '사람은 많은데 쓸 만한 사람은 없다'라는 기업인사담당자들의 고언은 대학에 몸담고 있는 필자로서 깊은 책무성과 곤혹스러움을 감출 수 없다.

특히 IMF사태를 겪으면서 대기업들은 기업연수원의 역할을 과감하게 축소하였으며, 일상화된 구조조정을 통하여 현업에 즉시 투입할 수 있는 경력자 중심의 인력채용정책으로 변화되었다.

수요자의 욕구에 부응하는 이공계인력의 양성이 전제되지 않는 한 수급불균형은 단기간에 해소되리라 기대하기 어려운 바, 이를 극복하기 위해서는 적어도 다음과 같은 점들에 유념해야 할 것이다. 이공계뿐만이 아니겠지만 대학과 학생들은 자신들의 고객(수요자, 기업)에 대한 철저한 이해가 중요하다는 것이다. 늘

고객의 눈으로 보고 고객의 입장에서 생각하는 것을 말한다.

따라서 관련 산업과 해당 기업들에 대한 변화를 스크랩하고 이를 그대로 대학교과과정에 반영하여야 한다. 그리하여 이러한 과정을 통하여 훈련하고 터득한 것들을 포트폴리오로 작성하여 고객에게 제시할 수 있어야 한다. 그럼으로써 대학과 학생 그리고 기업이 함께 가치를 창출할 수 있는 것이다.

둘째는 학문의 통합화가 진행되면서 전공과 전공 간의 장벽뿐만 아니라 산업현장과 강의실 간의 장벽도 무너져야 한다는 것이다. 미국의 경우 경영학 전공이수자가 전체의 20%에 이르고 있으나 아직 우리나라는 8%에 머무르고 있다.

이는 이공계전공자의 대부분이 기업현장에서 근무하게 되는 바, 경제학이나 경영학에 대한 이수가 요구됨을 말한다. 일본에서도 우리와 같은 문제점을 인식하고 경제 · 경영 · 이공학부가 협동하여 학제적 프로그램을 출범시켜 성과를 거두고 있음을 본다. 물론 우리나라에서도 일부 공과대학의 경우 경영학의 이수를 의무화시키고 있는 일은 다행스러운 일이다.

셋째는 보다 분명한 자기 성찰이 요구된다. 쉽고, 편하게 살 수 있는 일은 갈수록 감소한다. 공무원 시험에 몰리는 현상이나 아니면 다시 공부하여 의학계열에 진학하려는 풍토는 사회의 큰 흐름이 경쟁에 열려 있다는 사실에서 기회비용에 대한 고려가 필요한 것이다.

자기의 진로목표에 대한 명확한 설정과 야무진 준비로 기회주의적 행태의 유혹으로부터 과감히 벗어나야겠다.

그리고 주위에서도 보다 많은 관심과 격려로 인내할 수 있도록 분위기를 조성한다면 처음의 생각대로 잘 나아갈 수 있으리라 여겨진다.

김진병 교수(원광대)

강한 기업, 강한 국가를 위해서는

노벨 경제학상을 수상한 시카고 대학교의 로버트 포겔 교수는 국력을 키우는 방법에는 두 가지가 있다고 했습니다. 하나는 국방력을 키우는 것이고 다른 하나는 경제력을 키우는 것이 그 것입니다.

모두가 알고 있는 바와 같이 국방력은 군대를 통해서 길러지고 경제력은 기업을 통해 키워 나갈 수 있습니다. 강한 군대와 경쟁력 있는 기업이 국력의 원천인 것입니다.

미국이 세계 최강의 국가임은 국방력과 경제력이 강하다는 것을 의미합니다. 반면에 구 소련은 국방력은 강했으나 경제력이 약한 탓에 연방을 해체하지 않을 수 없었습니다. 연방해체와 함께 국방력마저 약해졌으며 세계에서의 주도권도 상실하고 말았습니다. 국방력은 경제력이 전제되어야 함을 보여준 것입니다.

20세기말에 인류가 깨달은 중요한 사실중의 하나는 자본주의와 공산주의의 경쟁에서 자본주의의 수월성이 검증되었다는 것이 아닐지 모르겠습니다. 동구권이 개방되었으며 중국은 개방과 함께 자본주의를 수용했습니다. 경제력을 키우기 위한 불가피한 선택이었을 것으로 생각됩니다.

자본주의와 공산주의로 갈라진 우리의 남과 북을 보아도 자본주의의 수월성은 분명해집니다. 자본주의에 어떻게 하면 보다 충실할 수 있느냐가 우리의 관건인 까닭이 거기에 있습니다.

역시 노벨 경제학상 수상자인 게리 베커(Gary Becker)교수는 한국이 다음 세 가지를 잘하면 자본주의를 꽃피울 수 있을 것이라 했습니다. 첫째는 튼튼한 가정을 더욱 튼튼하게 하라는 것입니다. 둘째는 가히 세계적인 한국의 교육열을 계속 높게 유지하는 한편 그 방향을 바로 잡으라는 것입니다. 셋째는 정치가나 관료들이 기업을 괴롭히지 못하도록 기업에서 완전히 손을 떼게 하라는 것입니다. 즉 자유시장경제를 잘 하라는 말입니다. 참으로 중요한 지적이 아닐 수 없습니다.

언제부터인가 우리 사회를 지켜 온 윤리규범이 흔들리고 있다는 사실에 우려를 표명하는 사람이 많아졌습니다. 그래서 어떤 외국인은 한국사회를 “Only my kids and me”의 사회라고 표현하기도 했습니다. 오직 내 아이와 나만을 위한 사회라는 것입니다.

모든 제도와 법이 그리고 주위 사람들이 내 아이와 나만을 위해 존재해야 하는 것으로 착각하고 있는 사람이 많은 것입니다. 그와 같은 도덕 불감증이 가족의 윤리를 파괴하고 국가사회의 질서를 혼란으로 치닫게 하고 있으며 결국 국가 경쟁력을 훼손하고 있다는 사실을 알아야 합니다.

황금만능에 도덕률을 찾아보기 힘든 사회여서는 안됩니다. 경제를 포함한 모든 윤리규범의 기초단위로서 그리고 근검과 절약의 주체로서 튼튼한 가정이 경제의 기본인 것입니다.

그래서 가정의 윤리규범이 확립되지 않으면 안됩니다. 내 아이와 나만 귀한 것이 아니라 나와 내 아이, 내 가족이 희생의 단위여야 함을 가르쳐야 합니다. 그랬을 때 가정이 흥하고 국가와 사회가 강해질 수 있으며 삶의 진정한 의미도 찾을 수 있습니다.

교육 역시 마찬가지입니다. 우리의 교육열이 세계에서 그 유례를 찾기 힘든 것도 사실입니다. 그러나 그 불타는 교육열 속에서 우리의 자녀들이 병들고 국가경쟁력은 떨어지고 있습니다.

그래서 높은 교육열은 좋으나 바른 방향이 아니면 안 되는 것입니다. 낭떠러지를 향해 최선을 다하여 달리면 최선을 다한 순서대로 죽는 이치와 같습니다. 창의력이 배양되고 개성이 존중되는 교육으로의 전환이 요구되는 것은 이 때문입니다.

누구나 할 수 있는 일은 컴퓨터가 대신하고 있음에도 불구하고 컴퓨터를 대신할 사람을 기르기에 여념이 없다면 이는 참으로 심각한 문제가 아닐 수 없습니다.

인재의 개념이 바뀌었음에도 불구하고 농경사회와 산업 사회적 교육의 틀에서 벗어나지 못하고 잘못된 교육열에 집착하는 한 국가경쟁력은 향상될 수 없습니다.

우리의 교육이 제자리에 서 있는지 살펴보아야 할 때입니다. 잘못된 교육열과 교육으로 인해 또 다시 경쟁력을 잃는 일은 없어야 하기 때문입니다.

자본주의가 잘 되기 위해서는 기업이나 시장을 정치와 정부의 간섭으로부터 자유롭게 놔두어야 합니다. 그래서 자본주의를 자유기업경제, 자유시장경제, 또는 줄여서 자유경제라고도 부릅니다.

우리가 금융위기를 맞은 것도 정부가 기업활동이나 금융을 자본주의 원리에 맞지 않게 관리하고 통제했기 때문이었다고 보아야 할 것입니다. 외국인들은 시장경제의 원리조차 모르는 나라를 더 이상 믿을 수 없었을지도 모릅니다.

그렇다면 우리의 경제위기를 극복하는 길은 분명해 집니다. 시장경제원리에 따라 경제를 운영하면 되는 것입니다. 시장이 필요로 하는 상품을 만들고 가격은 수요와 공급의 원리에 따라 결정하면 됩니다. 기업활동은 시장의 요구에 따라 움직이면 됩니다. 돈 역시 수익율이 낮은 곳에서 높은 곳으로 흘러야 합니다. 그렇게 되면 정치가나 관료들이 기업활동에 관여할 여지는 없어질 것입니다. 경제원리가 경제를 지배하도록 하는 것이 자본주의입니다.

자유로운 경쟁이 전제되지 않은 자본주의는 썩게 마련입니다. 부패한 자본주의 속에서 기업의 경쟁력을 기대할 수 없고 강한 국가 또한 기대할 수 없을 것입니다.

김명수 교수(순천대)